Günther/Vossebein/Wildner · Panels in der Marktforschung

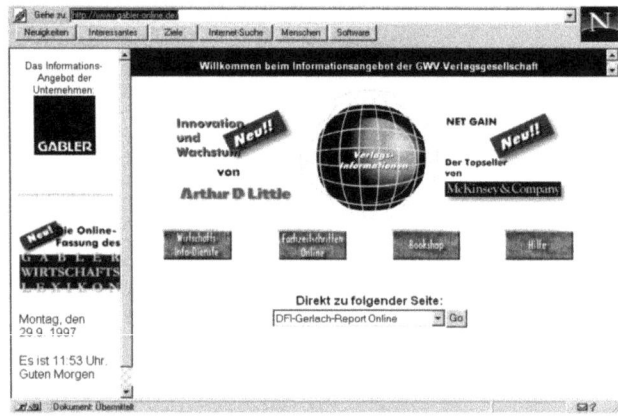

MARTIN GÜNTHER/
ULRICH VOSSEBEIN/
RAIMUND WILDNER

Panels in der

Marktforschung

Praxisorientierte Einführung

Mit Aufgaben
und Musterlösungen

LEHRBUCH

Die Deutsche Bibliothek - CIP-Einheitsaufnahme

Günther, Martin:
Panels in der Marktforschung : praxisbezogene Einführung ; mit Aufagben und
Musterlösungen / Martin Günther ; Ulrich Vossebein ; Raimund Wildner.
- Wiesbaden : Gabler, 1998
    ISBN-13: 978-3-409-13302-9   e-ISBN-13: 978-3-322-87040-7
    DOI: 10.1007/978-3-322-87040-7

ISBN-13: 978-3-409-13302-9

Vorwort

Die Bedeutung von Paneldaten für die marktorientierte Unternehmensführung wird aufgrund der immer stärker werdenden Wettbewerbsintensität und der zunehmenden Individualisierung auf der Verbraucherseite ständig größer. Nur wenn es gelingt, sowohl die wesentlichen aktuellen Marktströmungen aufzuzeigen, als auch neue Trends frühzeitig zu erkennen, läßt sich mittel- und langfristig ein befriedigendes Unternehmensergebnis erzielen.

Vor diesem Hintergrund entstand das Buch „Panels in der Marktforschung". Die Zielsetzung des Buches ist es, die einzelnen Elemente von Panels darzustellen, und die Einsatzmöglichkeiten dieses Marktforschungsinstruments zu diskutieren. Bei dem vorliegenden Buch handelt es sich um eine verkürzte Version des Buches „Marktforschung mit Panels", das ebenfalls beim Gabler Verlag erscheint.

Nachdem im 1. Kapitel aufgezeigt wird, wie ein Panel aufgebaut ist und welche Schritte von der Idee bis zur Datenpräsentation notwendig sind, werden unterschiedliche Panels vorgestellt. Kapitel 3 beschäftigt sich mit den Dimensionen einer Panelzahl, wobei sich die Ausführungen auf Handels- und Verbraucherpanels beziehen.

In Kapitel 4 werden anhand ausgewählter Sonderanalysen die Anwendungsmöglichkeiten von Panels nochmals dokumentiert. Abgeschlossen wird dieses Buch mit einem kurzen Einblick in die Analyseprogramme, mit deren Hilfe die sehr großen Datenmengen schnell und problembezogen bearbeitet werden können.

Eine Vielzahl von Übungsaufgaben sowie Musterlösungen sollen es dem Leser erleichtern, festzustellen, inwieweit er die dargestellten Zusammenhänge nachvollziehen kann, bzw. wo noch Wissenslücken bestehen.

Martin Günther
Ulrich Vossebein
Raimund Wildner

Inhaltsverzeichnis

1. Grundlagen

1.1 Was ist ein Panel?

Panels betreffen unterschiedliche Untersuchungsgegenstände (Displays, Abverkäufe, Einkäufe, TV-Einschaltquoten u.a.) bei verschiedenen Merkmalsträgern (Geschäfte, Einzelpersonen, Haushalte). Allen gemeinsam ist jedoch, daß es zunächst um die umfassende Beschreibung von Aspekten des Marktgeschehens geht (vgl. Abbildung 1.1).

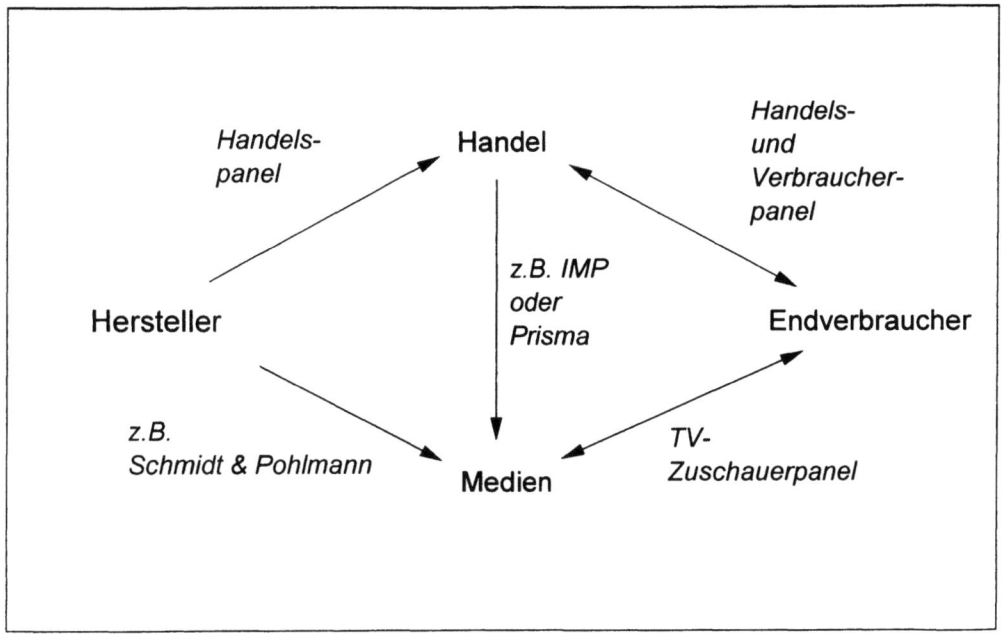

Abbildung 1.1: Abbildung der unterschiedlichen Aspekte des Marktgeschehens durch Panels

Neben der aktuellen Beschreibung des Marktes, sind es für das Marketingmanagement in aller Regel die *Veränderungen*, die Maßnahmen auslösen oder Beurteilungskriterien für in der Vergangenheit durchgeführte Maßnahmen bieten. Den Veränderungen im Marktgeschehen gilt daher das besondere Interesse des Marketingmanagements. Von daher ist es verständlich, daß jedes Panel als Stichprobenuntersuchung charakterisiert werden kann, die gleich in mehrfacher Hinsicht

1

auf die möglichst genaue Messung von Marktveränderungen hin optimiert ist.

Erstens beobachten Panels grundsätzlich über einen längeren Zeitraum hinweg einen gleichbleibenden Sachverhalt. Dies ist die Grundvoraussetzung für die Messung von Veränderungen. Allerdings müssen in der Praxis gewisse Einschränkungen gemacht werden: Warengruppen werden zusätzlich in das Erhebungsprogramm aufgenommen oder entfallen, wenn das Marktforschungsinstitut Kunden gewonnen bzw. verloren hat. Noch häufigere Änderungen weisen die Testpanels auf, bei denen das Erhebungsprogramm grundsätzlich nur für die Dauer des Tests konstant bleibt. Für das Endergebnis des Panels, den Bericht, gilt jedoch auch in diesem Fall, daß ein, bezogen auf den Berichtszeitraum, konstanter Erhebungsgegenstand vorliegt.

Zweitens versuchen Panels von Erhebung zu Erhebung mit möglichst gleichbleibender Stichprobe zu arbeiten, da bei der Vielzahl der erhobenen Daten ein vollständig identischer Ersatz eines Stichprobenelements durch ein anderes nahezu ausgeschlossen ist. Jede Veränderung der Stichprobe bedeutet daher eine Änderung im Ergebnis, der keine reale Veränderung in der Grundgesamtheit gegenübersteht.

Das Ziel einer konstanten Stichprobe läßt sich nur zu einem bestimmten Grad erreichen. Der Ausfall von Stichprobeneinheiten in einem Panel, die dann durch neue Einheiten zu ersetzen sind, wird als "Panelsterblichkeit" bezeichnet. Eine geringe Panelsterblichkeit ist ein wichtiges Qualitätsmaß für jedes Panel.

Für die Panelsterblichkeit gibt es eine Vielzahl von Ursachen. Unvermeidlich ist der Ausfall von Panelteilnehmern, die aus verschiedenen Gründen die Grundgesamtheit verlassen. Beim Handelspanel ist dies bei Geschäftsaufgabe, beim Verbraucherpanel durch Tod oder Umzug ins Ausland oder in ein Altenheim der Fall. In der Regel weitaus umfangreicher ist jedoch der Wechsel in der Stichprobe durch die Einstellung der Mitarbeit des Panelteilnehmers, weil dieser das Interesse daran verloren hat. Es ist ein wichtiges Ziel jedes Panelinstituts, diese Form der Panelsterblichkeit zu minimieren.

Wenn die Stichprobe möglichst konstant gehalten werden soll, dann sind nur solche Sachverhalte für eine Panelerhebung geeignet, bei denen die wiederholte Erhebung keinen oder einen nur untergeordneten Einfluß auf das Ergebnis hat. Ein Beispiel hierfür ist der Abverkauf eines Geschäfts für einen bestimmten Artikel. Die durch das Marktforschungsinstitut immer wieder durchgeführte Erfassung wird den Absatz des Geschäfts kaum beeinflussen. Anders liegen die Dinge bei der kontinuierlichen Erhebung der Werbebekanntheit durch das Werbetracking. Hier wird durch die ausführliche Befragung über die Werbung die künftige Werbewahrnehmung des Interviewten verändert. Eine Erhebung durch ein Panel gibt daher keinen Sinn: Die ausgewiesenen Änderungen wären mehr durch die Methode als durch die Werbung hervorgerufen. Werbebekanntheit wird daher mit einer Befragung erhoben, bei der die Stichprobe von Erhebung zu Erhebung vollständig ausgetauscht wird, ansonsten aber möglichst viele Elemente der Erhebung konstant gehalten werden. Eine solche Befragung wird als "Wellenbefragung" bezeichnet.

Neben dem Erhebungsgegenstand und der Stichprobe wird bei jedem Panel auch die Erhebungsmethode nach Möglichkeit konstant gehalten. Änderungen in der Erhebungsmethode können ebenfalls zu einer nur methodenbedingten Änderung im Ergebnis führen. So hat die traditionelle Inventurmethode (Ermittlung der Abverkäufe durch Ermittlung der Zugänge und der Bestandsveränderungen) im Handelspanel tendenziell höhere Absatzzahlen zur Folge als die Erfassung der Verkäufe über die Scannerkasse, weil Schwund durch Verderb oder Diebstahl zwar bei der Inventurmethode, nicht aber beim Scanning als Verkäufe erfaßt werden.

Insbesondere technische Weiterentwicklungen führen allerdings dazu, daß ab und zu Veränderungen der Erhebungsmethode notwendig werden. Beispielsweise wurde im Handelspanel in den letzten Jahren die Inventurmethode zunehmend durch die elektronische Erfassung über die Scannerkasse und durch den Datenträgeraustausch mit den Handelszentralen ganz oder teilweise ersetzt. Im Verbraucherpanelbereich zeigen die ersten erfolgreichen Feldversuche, daß die Kalendermethode zukünftig durch eine elektronische Erfassung der eingekauften Artikel duch den Panelteilnehmer ersetzt werden kann.

Dem Ziel der Messung von Veränderungen entspricht es schließlich, wenn die Erhebungen jeweils zu den stets gleichbleibenden Terminen wiederholt werden, weil nur so saisonale Schwankungen von marktbedingten Veränderungen getrennt werden können.

Zusammenfassend kann ein Panel dadurch charakterisiert werden, daß grundsätzlich

- der stets gleiche Sachverhalt
- zu den stets gleichen, wiederkehrenden Zeitpunkten
- bei der stets gleichen Stichprobe
- auf die stets gleiche Art und Weise

erhoben wird.

Aus dieser Definition folgt, daß die sogenannten Befragungspanels trotz ihrer Bezeichnung nicht zu den Panels im Sinne dieser Definition gehören. Befragungspanels sind feststehende Stichproben (das haben sie mit den Panels gemeinsam), die in unregelmäßigen Abständen zu Befragungen mit wechselnden Themen (dadurch unterscheiden sie sich von den Panels) genutzt werden. Der Vorteil der konstanten Stichprobe liegt darin, daß über die Teilnehmer Vorkenntnisse zur Soziodemographie, zu Besitzverhältnissen etc. vorhanden sind. Dadurch wird es möglich, auch kleine Zielgruppen ohne Streuverluste anzufiltern.

1.2 Die Elemente eines Panels

1.2.1 Überblick

Jedes Panel ist durch vier Elemente gekennzeichnet, die es vollständig definieren:

1. Die *Grundgesamtheit* eines Panels ist die Menge der Elemente, über die eine Aussage getroffen werden soll.

2. Die *Stichprobe* ist definiert durch ihre Größe und durch die Methode, nach

der die Stichprobenelemente aus der Grundgesamtheit ausgewählt werden.

3. Die *Erhebung* der interessierenden Sachverhalte in der Stichprobe. Dabei kommen verschiedene Methoden (Befragung, elektronische Verfahren, Beobachtung) zum Einsatz.

4. Die *Hochrechnung*, die den Schluß vom Stichprobenergebnis auf die Grundgesamtheit erst ermöglicht.

Diese vier Elemente sollen nun näher beleuchtet werden. Dabei wird intensiv auf die verschiedenen Formen des Handels- und Verbraucherpanels eingegangen, weil diese Panelarten aufgrund ihrer vielfältigen Nutzung eine besondere Bedeutung für die Marktforschung haben.

1.2.2 Die Grundgesamtheit

Mit der Grundgesamtheit wird gleichzeitig die Art eines Panels festgelegt, wobei man zwischen folgenden Panels unterscheiden kann:

- Handelspanels, mit denen über bestimmte Handelsgeschäfte (in aller Regel Einzelhandelsgeschäfte) Aussagen getroffen werden sollen.
- Verbraucherpanels mit der weiteren Unterscheidung
  - *Großverbraucherpanels* wie zum Beispiel Kantinen- oder Krankenhaus-Panels. Diese Formen spielen aber eine eher untergeordnete Rolle und werden im folgenden daher nicht weiter betrachtet.
  - *Individualpanels*, bei denen Einzelpersonen die Grundgesamtheit bilden sowie
  - *Haushaltspanels* mit Privathaushalten als Grundgesamtheit, die die wichtigste Form des Verbraucherpanels darstellen.
- Sonstige Panels, wie z.B.
  - *Ärztepanels* zur Erfassung des Verschreibungsverhaltens von Ärzten.
  - *Fernsehzuschauerpanels*, bei denen das Fernsehzuschauerverhalten kontinuierlich erhoben wird.

Aufgrund der hohen Bedeutung des Einzelhandels- und des Verbraucherpanels wird auf deren Grundgesamtheit nachfolgend näher eingegangen.

1.2.2.1 Die Grundgesamtheit eines Einzelhandelspanels

1.2.2.1.1 Definition der Grundgesamtheit

Für ein funktionierendes Panel ist es unbedingt erforderlich, daß die Definition der Grundgesamtheit eindeutig erfolgt, d.h. daß von jedem existierenden Geschäft gesagt werden kann, ob es zu der Grundgesamtheit gehört oder nicht. Dabei werden in einem Panel häufig mehrere "Geschäftstypen" zusammengefaßt, die als weitgehend homogene Teilgesamtheiten für die Marktbearbeitung sinnvolle Unterteilungen darstellen. So besteht das LEH-Panel der GfK aus den Geschäftstypen "Verbrauchermärkte", "Discounter" und "Traditioneller LEH".

Für die Definition eines Geschäftstyps können verschiedene Kriterien einzeln oder in Kombination verwendet werden. Üblich sind:

- Verkaufsfläche:
  Die Vorgabe einer Mindestverkaufsfläche erfolgt gelegentlich, wenn der Aufwand für die Erhebung vieler kleiner Geschäfte in keinem Verhältnis zur Marktbedeutung dieser Geschäfte steht. Die Verkaufsfläche kann aber auch einen Geschäftstyp nach oben oder unten abgrenzen. So ist der Traditionelle LEH u.a. dadurch definiert, daß Geschäfte dieses Typs bis zu 800 qm Verkaufsfläche haben.

- Sortiment:
  Hierbei wird vorgegeben, ob bestimmte Waren geführt werden, oder bestimmte Umsatzschwerpunkte/-anteile erreicht werden.

- Zugehörigkeit zu einem Handelsunternehmen:
  Diese Eigenschaft wird vor allem dann als Ausschlußkriterium verwendet, wenn ein Handelsunternehmen die Erhebung für ein Panel verweigert und die

Bedeutung dieses Unternehmens so groß und / oder dessen Geschäfte so atypisch sind, daß sie durch Geschäfte anderer Unternehmen nicht repräsentiert werden können. In den LEH-Panels von GfK und Nielsen ist dies bei dem Handelsunternehmen "Aldi" der Fall, das daher bei der Definition der Grundgesamtheit ausgeschlossen wird. Anders werden die Geschäfte von "Norma" behandelt, obwohl auch hier eine Erhebung für das Panel von dem Unternehmen nicht genehmigt wird. Norma ist wesentlich kleiner als Aldi und unterscheidet sich im Sortiment auch weniger von anderen Discountern als Aldi, so daß es möglich ist, dieses Unternehmen durch Geschäfte anderer Unternehmen zu repräsentieren. Norma ist daher nicht aus der Grundgesamtheit ausgeschlossen.

- Umsatz:
Gelegentlich wird auch der Gesamtumsatz eines Geschäfts zur Definition herangezogen, obwohl sich dieses Kriterium insgesamt nicht bewährt hat. Nachteilig ist vor allem, daß der Umsatz kein stabiles, leicht zu erhebendes Kriterium ist. Dadurch wird die Bestimmung der Grundgesamtheit ebenso erschwert wie die Bildung einer Stichprobe. Darüber hinaus widerspricht ein instabiles Kriterium dem Ziel eines jeden Panels, eine möglichst gute Vergleichbarkeit zu erreichen.

- Besondere Ausschlüsse:
Insbesondere aus erhebungstechnischen Gründen werden häufig bestimmte Sonderfälle ausgeschlossen. So gehören beim Elektropanel der GfK die Duty-Free-Geschäfte auf den Flughäfen nicht zur Grundgesamtheit, da zu diesen Geschäften kein freier Zugang für den Außendienst, der die Erhebung durchführt, besteht.

Die Definition der Grundgesamtheit wird in der Regel beim Aufbau eines Einzelhandelspanels gemeinsam mit den künftigen Beziehern des Panels erarbeitet. Neben einer eindeutigen Abgrenzung zu anderen Geschäften ist es dabei vor allem notwendig, daß dies mit der Marktbearbeitung durch die Außendienste der Hersteller korrespondiert.

Beispiele für solche Definitionen finden sich bei der Beschreibung der verschiedenen Arten von Einzelhandelspanels.

1.2.2.1.2 Bestimmung der Grundgesamtheit

Bei der Beschreibung der Hochrechnung wird deutlich werden, daß für ein funktionierendes Panel eine detaillierte und genaue Kenntnis der aktuellen Grundgesamtheit erforderlich ist. In seltenen Ausnahmefällen (z.B. bei Tankstellen oder Apotheken) bestehen aktuelle Informationen von amtlichen Stellen oder von Verbänden. In der Regel ist die Bestimmung der Grundgesamtheit jedoch mit erheblichen Schwierigkeiten verbunden:

- *Amtliche Statistiken* sind häufig veraltet. Die letzte Arbeitsstättenzählung fand 1987 statt. Eine Wiederholung ist aktuell nicht geplant. Die jeweils aktuelle Umsatzsteuerstatistik beruht auf zwei Jahre alte Daten. Zudem bezieht sich die Umsatzsteuerstatistik auf Unternehmen, nicht auf die interessierenden Handelsbetriebe, was durch die an Bedeutung gewinnenden Filialunternehmen zu wachsenden Unterschieden führt. Dennoch ist die Umsatzsteuerstatistik eine wichtige Quelle zur ersten Orientierung über die Größenverhältnisse.

- Die *Veröffentlichungen der Handelsunternehmen* sind für andere Zwecke konzipiert. Sie enthalten ebenfalls wichtige Hinweise, sind jedoch keinesfalls ausreichend.

- Besonders wertvolle Datenquellen zur Bestimmung der Grundgesamtheit sind die *Filialverzeichnisse der Handelsunternehmen* oder auch Lieferadressen wichtiger Markenartikler. Diese sind jedoch bei weitem nicht vollständig und nicht in der Aufgliederung erhältlich, wie es für die Bestimmung der Grundgesamtheit notwendig ist.

In manchen Fällen ist es möglich, durch die Zusammenführung dieser Informationen die Grundgesamtheit der Geschäfte ausreichend genau zu bestimmen. Das wichtigste Beispiel dafür ist der LEH, dessen Grundgesamtheit seit vielen

Jahren auf dieser Basis fortgeschrieben wird.

Wo dies nicht möglich ist (und dies ist bei der weitaus überwiegenden Zahl der Panels der Fall) muß die Grundgesamtheit mit Hilfe einer eigenen Primärerhebung einer sogenannte "Basisstudie"[1] bestimmt werden.

1.2.3 Die Stichprobe

1.2.3.1 Anforderungen an die Panelstichprobe

1.2.3.1.1 Repräsentativität

Von einer Panelstichprobe wird zunächst erwartet, daß sie repräsentativ ist. Als Kennzeichen der Repräsentativität wird in der Literatur meist genannt, daß die Stichprobe ein verkleinertes Abbild der Grundgesamtheit ist, was bedeutet, daß die Anteile in der Stichprobe denen in der Grundgesamtheit entsprechen.

Nach dieser sehr engen Definition wäre eine geschichtete Stichprobe (wobei unter den Schichten eine Aufteilung der Grundgesamtheit in Teilgesamtheiten zu verstehen ist) nur dann repräsentativ, wenn die Aufteilung der Stichprobe proportional zu den Anteilen in der Grundgesamtheit erfolgen würde. Aus der Stichprobentheorie ist jedoch bekannt, daß diese Aufteilung in der Regel nicht optimal ist. Handelspanelstichproben sind aus diesem Grund nicht proportional angelegt. Repräsentativität in diesem engen Sinne ist also kein Qualitätsmerkmal der Stichprobe, sie zu fordern macht keinen Sinn. Deshalb wird hier eine andere Definition für Repräsentativität vertreten. Eine Stichprobe wird dann als repräsentativ bezeichnet, wenn sie den Schluß auf die Grundgesamtheit zuläßt. Der Schluß auf die Grundgesamtheit ist dann zulässig, wenn eine Rechenvorschrift existiert, so daß der Mittelwert der errechneten Werte aller möglichen Stichproben dem Wert der Grundgesamtheit entspricht (*Erwartungstreue* der

---

[1]vgl. Martin Günther, Ulrich Vossebein, Raimund Wildner: "Marktforschung mit Panels", Wiesbaden 1998, Seite 10 ff.

Schätzung oder auch *Validität* der Schätzung).

Werden gedanklich aus einer Grundgesamtheit nach der für die Stichprobe ange-
wendeten Vorschrift nicht nur eine, sondern alle möglichen Stichproben gezogen
und wird der Mittelwert der Stichprobenergebnisse gebildet, so bedeutet Repräsentativität in diesem Sinne, daß der Mittelwert der Stichproben gleich dem Mittelwert der Grundgesamtheit ist.

Nicht repräsentativ in diesem Sinn sind beispielsweise willkürlich gezogene
Stichproben, da für solche Stichproben keine entsprechende Rechenvorschrift
existiert.

1.2.3.1.2 Geringe Streuung des zu schätzenden Merkmals (Reliabilität)

Eine weitere Anforderung an die Panelstichprobe ist die, daß sie die Werte der
Grundgesamtheit hinlänglich genau schätzt. Nun werden aus einem Panel eine
Vielzahl von Variablen für die Grundgesamtheit geschätzt. Man wird also eine
Variable bzw. eine kombinierte Variable bestimmen müssen, deren Schätzge-
nauigkeit optimiert werden soll. Für ein Verbraucherpanel eignet sich hierzu der
gesamte wertmäßige Einkauf in den beobachteten Warengruppen, im Handelspanel die entsprechende Verkaufszahl. Weiter wird man berücksichtigen müssen,
daß dieser Wert für die Grundgesamtheit als Ganzes, aber auch für viele verschiedene Teile davon, nämlich die in den Panelberichten ausgewiesenen
Segmenten, zu schätzen ist. Auch für diese Teilgesamtheiten muß die Schätzung
hinlänglich genau sein.

Dabei bedeutet "hinlänglich genau", daß aufgrund der Unschärfe der Zahlen
keine Fehlentscheidungen getroffen werden. Die inhaltliche Ausgestaltung dieser
Forderung ist somit von der weiteren Verwendung der Zahlen abhängig. Wenn
sich aufgrund von Panelergebnissen im Mediabereich Preise für Werbezeiten
ergeben, so wird man eine höhere Genauigkeit fordern, als wenn für ein
Randprodukt die Konkurrenz zu beobachten ist.

Die Genauigkeit einer Stichprobe wird von vielen Faktoren beeinflußt, wobei folgende Klassifizierung vorgenommen werden kann:

- Größe der Grundgesamtheit
- Größe der Stichprobe
- Streuung des zu schätzenden Merkmals
- Aufteilung der Grundgesamtheit in Schichten
- Aufteilung der Stichprobe auf die Schichten

Sie wird beurteilt anhand der sogenannten *Stichprobenstandardabweichung*. Hierbei werden gedanklich alle nach der Ziehungsvorschrift möglichen Stichproben gezogen und die Standardabweichung der Ergebnisse (=Mittelwerte) der Stichproben errechnet.

Will man den Einfluß der einzelnen Komponenten auf die Genauigkeit abschätzen, so stößt man auf die Schwierigkeit, daß alle Panelstichproben nach der Quotenauswahl bestimmt sind und daß dafür keine Formeln für die Stichprobenstandardabweichung existieren. Hilfsweise verwendet man in der Praxis hierfür die Formeln einer eindimensional geschichteten Stichprobe. Eine gute Panelstichprobe, die mehrdimensional geschichtet ist, wird nach aller Erfahrung die so bestimmte Genauigkeit erfüllen.

Betrachtet man im folgenden die einzelnen Einflußgrößen, so ist der Einfluß der Größe der Grundgesamtheit im relevanten Bereich zu vernachlässigen. Dabei gilt näherungsweise, daß sich die Stichprobenstandardabweichungen zweier sonst gleicher Panels mit verschieden großen Grundgesamtheiten um den Faktor

$$\sqrt{\frac{1 - \dfrac{n}{N_1}}{1 - \dfrac{n}{N_2}}}$$

unterscheiden, wobei

n   = Umfang der Stichprobe

N_1, N_2 = Umfang der Grundgesamtheit N_1 bzw. N_2.

Die Formel errechnet sich aus der sogenannten Endlichkeitskorrektur in der Stichprobentheorie[2].

Daraus folgt: Liegt eine Panelstichprobe von 700 Geschäften vor und verringert sich die Grundgesamtheit von 60.000 auf 30.000 Geschäfte, so steigt die Genauigkeit um etwa 0,6%, ist also vernachlässigbar.

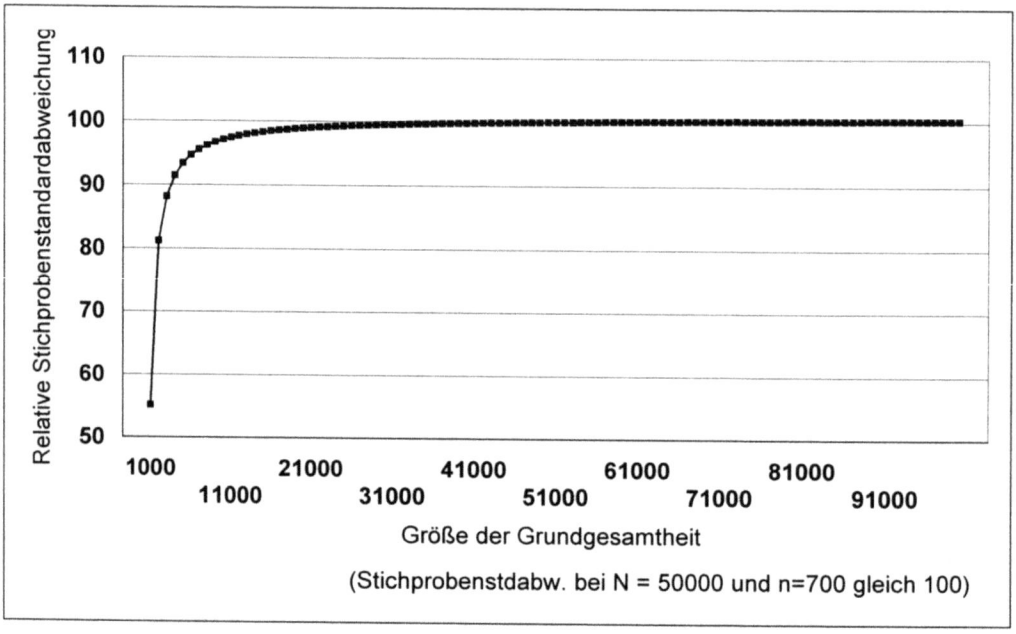

Abbildung 1.2: Einfluß der Grundgesamtheit auf die Genauigkeit einer Stichprobe vom Umfang n = 700

Dagegen ist der Einfluß der Stichprobengröße wesentlich bedeutender. Die Genauigkeit zweier Stichproben unterscheidet sich bei sonst gleichen Verhältnissen näherungsweise um den Faktor

---

[2]vgl. Cochran, William G.: Sampling Techniques, New York 1977, S. 24

$$\sqrt{\frac{n_1}{n_2}}$$

wobei n_1 und n_2 die jeweiligen Stichprobenumfänge sind. Daraus läßt sich errechnen, daß eine Verdoppelung einer Stichprobe von 400 auf 800 einen Genauigkeitsgewinn von 29,3% bringt. Die Genauigkeit steigt also unterproportional, während die Erhebungskosten proportional zunehmen.

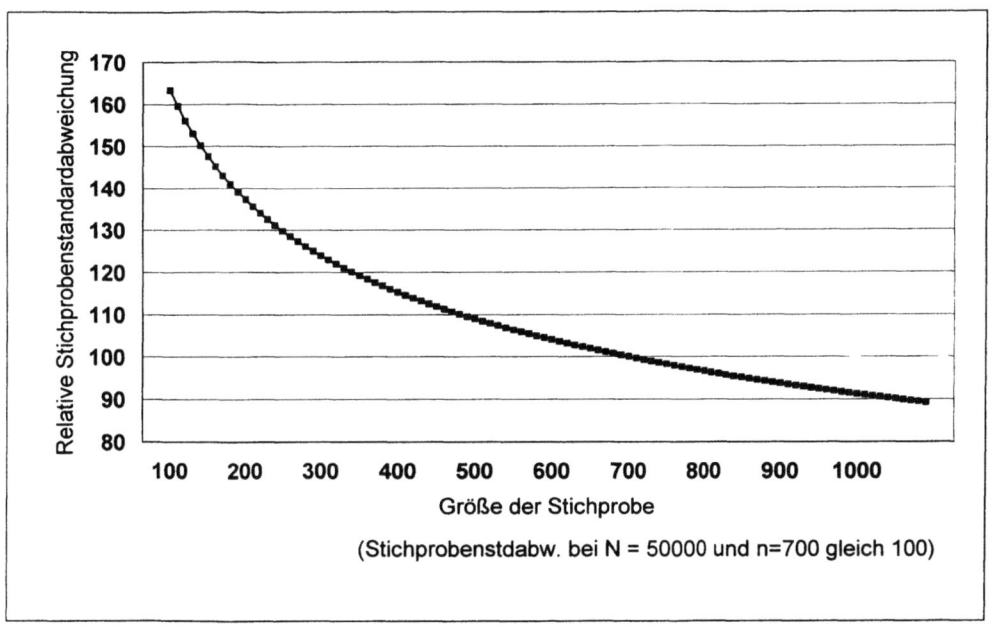

Abbildung 1.3: Einfluß der Stichprobengröße auf die Genauigkeit von Panelergebnissen

Einen großen Einfluß hat auch die Streuung des zu schätzenden Merkmals. Die Stichprobenstandardabweichung des Gesamtwerts steigt näherungsweise proportional mit der durchschnittlichen Standardabweichung des zu schätzenden Merkmals in den Schichten.

Hier spielt also auch die Aufteilung der Grundgesamtheit in Schichten eine wichtige Rolle: Je homogener die Schichten sind, desto genauer wird der entsprechende Gesamtwert geschätzt. Diese Intention trifft sich i.d.R. mit der Zielset-

zung eines Panels, daß möglichst homogene und damit gut steuerbare Teilgesamtheiten ausgewiesen werden sollen.

Das bedeutet für die aufgeführten Zahlen eines Panelberichts aber auch, daß die
Ergebnisse für homogene Segmente (z.B. Traditioneller LEH bis 400 qm Verkaufsfläche) bei gleichem Stichprobenumfang wesentlich genauer sind, als für
heterogene Segmente (z.B. ein Gebiet, in dem alle Geschäftstypen und Organisationsformen enthalten sind).

Schließlich bietet auch die Aufteilung der Stichprobe auf die Schichten ein
wichtiges Potential zur Verbesserung der Genauigkeit. Dies gilt besonders für das
Handelspanel, da die einzelnen Geschäfte in den Segmenten eine sehr unterschiedliche Bedeutung haben können. Ein LEH-Geschäft kann eine Verkaufsfläche von 50 qm, aber auch eine von 20.000 qm haben. Unterstellt man für
beide Geschäfte in etwa gleiche Umsätze pro qm, dann hat das große Geschäft
ungefähr die 400-fache Bedeutung des kleinen Geschäfts. Dagegen ist die
Spannweite der Bedeutung von Haushalten des Verbraucherpanels wesentlich
geringer. Aus diesem Grund wird im Verbraucherpanel häufig mit im
wesentlichen proportionalen Stichproben gearbeitet.

1.2.3.2 Die Stichprobe eines Einzelhandelspanels

Die Heterogenität der Grundgesamtheiten von Einzelhandelspanels spricht in der
Regel dafür, die großen Geschäfte in der Stichprobe stärker zu berücksichtigen
als in der Grundgesamtheit. Für eine solche disproportionale Stichprobe sprechen
aber auch noch weitere gewichtige Gründe:

- Die Streuung der Merkmalswerte in den großen Geschäften ist absolut deutlich
  größer als in den kleinen Geschäften. Will man die Gesamtstreuung minimieren, dann müssen die großen Geschäfte stärker berücksichtigt werden.

- Große Geschäfte sind für das Marketing der Hersteller sehr viel wichtiger als
  kleine Geschäfte. In den großen Geschäften werden Neuprodukte i.d.R. zuerst

14

eingeführt. Dort zeigt sich als erstes deren Scheitern oder deren Erfolg. Zudem werden die großen Geschäfte häufig noch direkt vom Außendienst des Herstellers bearbeitet. Dagegen sind kleine Geschäfte meist nur indirekt über die Zentrale erreichbar.

In der Praxis ergibt sich meist der Anteil einer Schicht näherungsweise aus dem Mittelwert des numerischen Anteils und des Umsatzanteils. Numerisch kleine Segmente sind in der Stichprobe überrepräsentiert, da sonst die Ergebnisse dieses ausgewiesenen Segments zu klein werden (vgl. Abbildung 1.4)

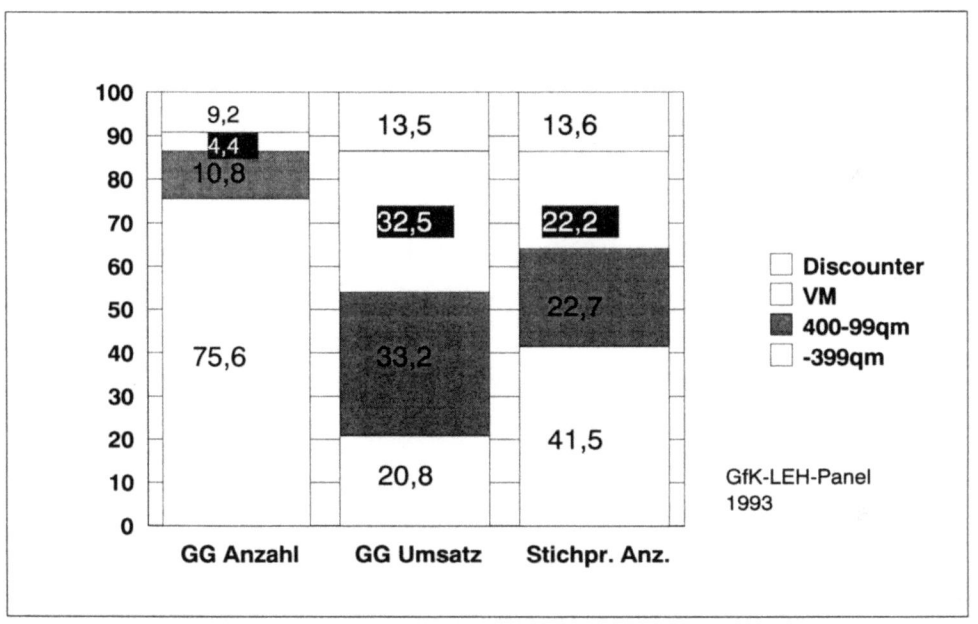

Abbildung 1.4: Beispiel für eine Grundgesamtheit und Stichprobe eines Einzelhandelspanels

Eine weitere Frage ist, wie die Stichprobe grundsätzlich zu bestimmen ist. Dabei sind *bewußte Auswahl* (hier insbesondere die *Quotenauswahl*) und *Zufallsauswahl* möglich. Generell haben Zufallsstichproben eine Reihe von Vorteilen, wie z.B. die Möglichkeit, Vertrauensintervalle zu berechnen und so Aussagen zum Stichprobenfehler zu treffen. Bei Stichproben, die mit bewußter Auswahl festgelegt wurden, funktioniert dies zumindest in der Theorie nicht.

Die Berechnung des Stichprobenfehlers ist jedoch nur für repräsentative Stichproben, d.h. für solche Stichproben, für die der Mittelwert über alle möglichen Stichproben dem Mittelwert der Grundgesamtheit entspricht, die also erwartungstreu sind, möglich. Erwartungstreue Zufallsstichproben setzen jedoch voraus, daß jedes Element der Grundgesamtheit eine berechenbare Wahrscheinlichkeit größer Null hat, in die Stichprobe zu kommen. Dies wiederum ist nur gegeben, wenn zwei Voraussetzungen vorliegen:

Es gibt eine irgendwie geartete "Liste" aller Elemente der Grundgesamtheit. Dabei kann die "Liste" in Form einer Kartei, Datei oder auch (wie im Fall des Stichprobenplans der Arbeitsgemeinschaft deutscher Marktforschungsinstitute) in Form von Haustüren in einem Straßenzug vorliegen. Im Falle des Handelspanels wäre also eine Liste aller relevanten Einzelhandelsgeschäfte erforderlich. Eine solche Liste existiert nicht.

Zweitens ist es erforderlich, daß die zufällig bestimmten Elemente der Grundgesamtheit auch erhoben werden können. Eine Stichprobe bleibt zwar auch dann eine Zufallsstichprobe, wenn diese Voraussetzung nicht gegeben ist. Sie ist dann jedoch i.d.R. verzerrt. Zudem vergrößert sich das Vertrauensintervall dramatisch, so daß die Vorteile der Zufallsstichprobe mehr als aufgehoben werden. Auch diese Voraussetzung ist nicht gegeben.

Im Ergebnis ist also nur eine bewußte Auswahl möglich. Dabei wird dem Außendienst des Marktforschungsinstituts das anzuwerbende Geschäft nach den Kriterien

- Geschäftstyp (Verbrauchermarkt, Discounter,...)
- Geschäftsgröße
- Gebiet (Bayern, Hessen, Nordrhein Westfalen, ...)
- Zugehörigkeit zu Handelsunternehmen (Rewe, Tengelmann,...)

vorgegeben. Die Anwerbung selbst erfolgt je nach Organisation des Handelsunternehmens direkt vor Ort oder über die Zentrale.

1.2.4 Die Erhebung

1.2.4.1 Die Erhebung im Handelspanel

Die klassische Erhebung im Handelspanel erfolgt durch den Außendienst des Marktforschungsinstituts nach der sogenannten Inventurmethode. Dabei werden gegen Ende des Zeitraums, über den berichtet werden soll, die Bestände im Geschäft sowie die Preise durch körperliche Erhebung erfaßt. Zusätzlich werden die Einkäufe über die Rechnungsbelege des Geschäfts ermittelt. Mit Hilfe der beim letzten Besuch gezählten Bestände können dann über die Inventurgleichung

Verkäufe (akt. Periode) = Bestand (Vorperiode) + Einkäufe (akt. Periode) – Bestand (akt. Periode)

die Abverkäufe jedes Artikels errechnet werden.

Der mit dieser Erhebung verbundene Aufwand ist erheblich. Die Erhebung nur eines Verbrauchermarktes kann 200 Arbeitsstunden und mehr erfordern. Von daher ist es verständlich, daß die Marktforschungsinstitute in den letzten 15 Jahren erhebliche Anstrengungen unternommen haben, diese Erhebungsform durch Verfahren mit weniger personellem Aufwand zu ersetzen.

Bereits zu Beginn der 80er Jahre wurde der maschinenlesbare Beleg eingeführt. Dadurch wurde die Übertragung der Daten auf maschinenlesbare Belege, die zuvor in Heimarbeit vorgenommen worden war, überflüssig. Darüber hinaus wurden jeweils für ein Geschäft die in der Vorperiode distribuierten Artikel vorgedruckt, so daß nur noch neu geführte Artikel mit ihrer Bezeichnung, Inhalt, Packungsformen etc. eingetragen werden mußten.

Ab der Mitte der 80er Jahre wurde die manuelle Erhebung zunehmend durch Datenträgeraustausch ersetzt, wobei verschiedene Varianten möglich sind:

1. Erfassung der Verkäufe über die Scannerkasse, Bestände werden manuell

erhoben, die Einkäufe errechnet.

2. Erfassung der Einkäufe über Datenträgeraustausch, manuelle Erfassung der Bestände, Verkäufe werden errechnet.

3. Erfassung der Verkäufe über die Scannerkasse, der Einkäufe über Datenträger und Berechnung der Bestände. Dabei müssen abhängig von der Warengruppe die Bestände in regelmäßigen Abständen u.U. doch erhoben werden, da sonst Schwund durch Verderb oder Diebstahl zu einer permanenten Erhöhung der Bestände führen würde.

Insbesondere die Verwendung von Scannerdaten hat auch einen „Methodeneffekt" auf die Daten. Dies soll an einem fiktivem Zahlenbeispiel erläutert werden. Die folgende Tabelle (vgl. Tabelle 1.1) zeigt die wöchentlichen Preise und Abverkäufe aus 8 Geschäften, wobei die Aktionswoche immer um eine Woche verschoben ist.

Nimmt man an, diese Geschäfte repräsentieren die Stichprobe eines Segments und jedes Geschäft geht mit dem gleichen Hochrechnungsfaktor in das Panel ein, ergibt sich folgende Situation:

Bei der manuellen Erhebung wird durch den Außendienst der Preis der letzten Woche erfaßt und allen Verkäufen der 8 Wochen der Erhebungsperiode zugeordnet. So ergibt sich im Beispiel bei Geschäft 1 für alle 285 verkauften Stück ein Preis von DM 2,69. Der wahre Durchschnittspreis läßt sich aus den Gesamtumsätzen des Geschäfts und der verkauften Stückzahl zu DM 2,21 berechnen. Ähnlich ist die Situation bei den Geschäften 2 bis 7. In Geschäft 8 wird der tatsächliche Durchschnittspreis (DM 2,13) zwar mit dem Panelwert von DM 1,99 unterschätzt, insgesamt ergibt sich jedoch für alle 8 Geschäfte eine gravierende Überschätzung des Preises: Der wahre Durchschnittspreis von DM 2,05 wird im Panel mit DM 2,61 wiedergegeben.

Das bedeutet: Der manuell erhobene Preis läßt sich als zeitlich gewichteter Durchschnittspreis interpretieren. Da in den Aktionswochen die niedrigen Preise mit hohen Abverkäufen einhergehen, liegt der (wahre) mengengewichtete Durchschnittspreis unter dem Handelspanelpreis. Dagegen ordnet die Scannerkasse den Preisen die richtige Menge zu, so daß hier mengengewichtete Durchschnitts-

Tabelle 1.1: Fiktive Preise und Abverkäufe aus acht Geschäften

Woche	Geschäft 1		Geschäft 2		Geschäft 3		Geschäft 4	
	Preis	Menge	Preis	Menge	Preis	Menge	Preis	Menge
1	1,99	120	2,79	12	2,59	35	2,69	28
2	2,69	25	1,99	112	2,59	40	2,69	24
3	2,69	30	2,79	13	1,89	221	2,69	22
4	2,69	20	2,79	15	2,59	28	1,89	142
5	2,69	22	2,79	12	2,59	34	2,69	26
6	2,69	24	2,79	11	2,59	38	2,69	32
7	2,69	19	2,79	10	2,59	30	2,69	30
8	2,69	25	2,79	12	2,59	32	2,69	25

Woche	Geschäft 5		Geschäft 6		Geschäft 7		Geschäft 8	
	Preis	Menge	Preis	Menge	Preis	Menge	Preis	Menge
1	2,89	12	2,69	21	2,69	32	2,79	12
2	2,89	9	2,69	18	2,69	28	2,79	14
3	2,89	11	2,69	16	2,69	33	2,79	16
4	2,89	8	2,69	22	2,69	31	2,79	13
5	2,19	58	2,69	20	2,69	29	2,79	11
6	2,89	12	1,99	89	2,69	27	2,79	14
7	2,89	15	2,69	12	1,89	243	2,79	14
8	2,89	16	2,69	19	2,69	21	1,99	186

preise vorliegen. Der Unterschied kann bei aktionsintensiven Warengruppen 20% und mehr betragen.

Ein weiterer Methodeneffekt der Scannerkasse liegt in der unterschiedlichen Behandlung von Schwund durch Diebstahl oder Verderb. Bei der manuellen Erhebung wird Schwund als Verkauf erfaßt, bei der Scannerkasse nicht. Auch hier kann bei vom Schwund besonders betroffenen Artikeln der Unterschied bei mehreren Prozent liegen.

Im Ergebnis ist heute die Handelspanelerhebung für Verbrauchsgüter eine Mischmethode, die manuelle Erhebung (besonders bei kleinen Geschäften, da hier häufig kein Datenträgeraustausch möglich ist) wird mit dem Datenträgeraustausch bezüglich Einkäufe und Verkäufe kombiniert.

In den Gebrauchsgüterpanels spielt die Scannererhebung dagegen keine Rolle. Hier wird vor allem bezüglich der Rechnungsbearbeitung die manuelle Erhebung immer mehr durch den Datenträgeraustausch ersetzt.

1.2.4.2 Die Erhebung im Verbraucherpanel

1.2.4.2.1 Überblick

Neben der traditionellen schriftlichen Erhebung durch den "Haushaltskalender" werden derzeit drei Verfahren eingesetzt, die primär auf die Erfassung des EAN-Codes abgestellt sind. Diese Verfahren sind (in der Reihenfolge ihrer Entwicklung) das POS-Scanning, das Inhome-Scanning und das Electronic Diary. Sie sollen im folgenden näher beschrieben werden.

1.2.4.2.2 Die Kalendermethode

Die Kalendermethode ist die älteste Erhebungsmethode im Verbraucherpanel. Sie wird seit den 50er Jahren eingesetzt und ist seitdem immer weiter verfeinert worden. Sie läßt sich wie folgt beschreiben:

Der Panelhaushalt erhält in regelmäßigen Abständen, z.B. einmal im Quartal, ein Buch mit je einem Satz von Berichtsblättern. Darauf sind nach den erhobenen Warengruppen geordnet pro gekauften und zu berichtenden Artikel je eine Zeile vorgesehen, in die einzutragen sind:

- Datum des Einkaufs
- Einkaufsstätte
- Marke und / oder Hersteller
- Inhalt pro Packung

20

- Zahl der gekauften Stück
- Preis pro Stück und / oder Gesamtpreis
- je nach Warengruppe u.U. Sonderangaben

Beispiele für Sonderangaben sind:

- Duftrichtungen bei Seifen / Parfums etc.
- Angabe, ob der Artikel als Geschenk oder zum Eigenverbrauch gekauft wurde oder
- Angabe, ob der Artikel aus dem Regal oder einer anderen Plazierung entnommen wurde.

Die Methode mag nicht mehr modern und zeitgemäß sein, hat aber dennoch eine Reihe von Stärken. Wichtigster Vorteil ist, daß jeder Artikel unabhängig davon, ob er EAN - codiert ist oder nicht[3], den gleichen Aufwand für die Eingabe verursacht. Dies ist in Deutschland besonders wichtig, da hier nicht nur unverpackte Frischeartikel keinen EAN-Code aufweisen, sondern auch der größte Teil des Sortiments von Aldi, der zum Teil erhebliche Marktanteile auf sich vereinigen kann (z.B. bei Fruchtsaftgetränken oder Konserven über 30%).

Ein weiterer Vorteil ist, daß die Methode auch von nicht „technik-affinen" Zielgruppen, wie z.B. vielen älteren Menschen, akzeptiert wird. Schließlich können sehr einfach von der Warengruppe abhängige Sonderangaben erfragt werden (z.B. ob ein Artikel für den Eigenverbrauch oder als Geschenk gekauft wird) .

Die Kalendermethode hat aber auch gravierende Nachteile, die sich vor allem aus dem hohen Aufwand pro einzutragenden Artikel ergeben. Die Konsequenz ist, daß sich die Erhebung auf bestimmte Warengruppen beschränken muß und nicht alle "fast moving consumer goods" umfassen kann. Darüber hinaus werden beispielsweise bei der GfK manche Warengruppen nur in einem der beiden 7000er Haushaltspanels erhoben. Für die besonders häufig gekauften unverpackten Artikel (Obst, Gemüse, Brot, Wurst, Fleisch und Käse) mußte ein Spezialpanel

---

[3] Vgl. Punkt 3.1.3

aufgebaut werden. Durch diese Maßnahmen beträgt die Zahl der von einem Durchschnittshaushalt des GfK-Haushaltspanels pro Woche einzutragenden Artikel etwa acht bis zwölf.

Darüber hinaus ist der langsame und umständliche Weg der Daten als weiterer gravierender Nachteil der Kalendermethode zu nennen. Der Postversand vom Haushalt zum Institut dauert etwa einen bis zwei Tage, die bei einem Datenversand über Modem entfallen. Im Institut werden die Einkaufsberichte nach Warengruppen getrennt und manuell am Computer eingegeben. Fehlende Artikelangaben führen zu zeitraubenden telefonischen Rückfragen bei den Haushalten. Gleichzeitig sind Erfassungsfehler möglich.

Auf der anderen Seite erfolgt durch die Eingabe am Computer ein wichtiger Qualitätscheck. Da jede eingebende Person die immer gleichen Warengruppen "schlüsselt", hat sie ein großes Warengruppenwissen, das viele Eintragungsfehler der Haushalte bereits im Vorfeld herausfiltert.

Schließlich ist der gesamte Prozeß mit dem Druck und Versand der Kalender, dem Rückversand der Einkaufsberichte und der manuellen Dateneingabe am Computer auch im laufenden Betrieb sehr kostspielig.

Insgesamt waren die Nachteile der Kalendermethode so erheblich, daß bereits ab Ende der 70er Jahre nach Alternativen gesucht wurde, wobei es nahe lag, auf die Erfassung des EAN-Codes zu setzen.

1.2.4.2.3 POS-Scanning

POS-Scanning (das Kürzel "POS" steht dabei für *Point of Sales*) läßt sich kurz wie folgt beschreiben:

- Jeder Panelhaushalt wird mit einer oder mehreren Identifikationskarten im Scheckkartenformat ausgestattet, auf der die Haushaltsnummer als Barcode aufgedruckt ist.

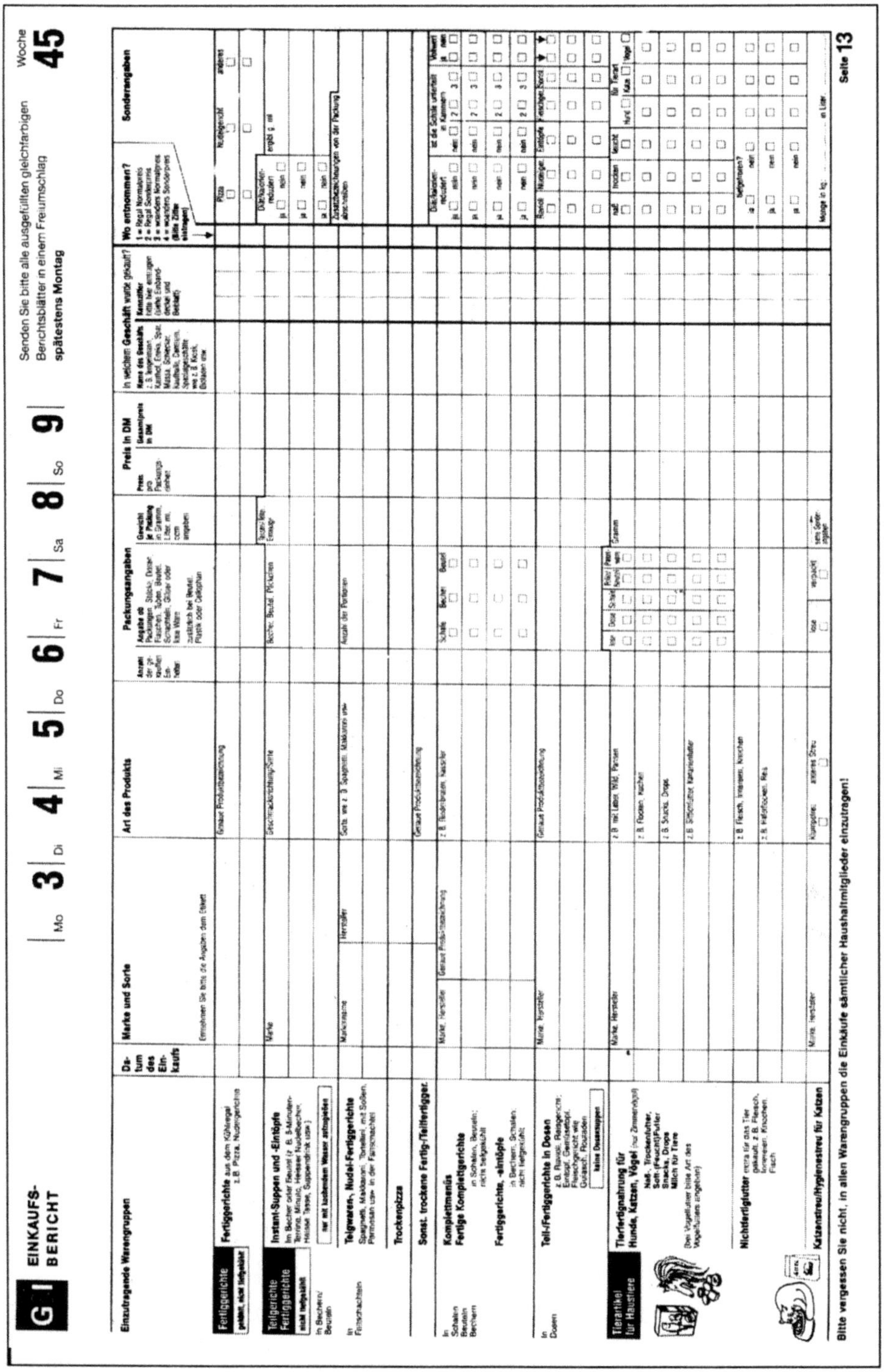
GI EINKAUFS-BERICHT

Mo 3 | Di 4 | Mi 5 | Do 6 | Fr 7 | Sa 8 | So 9

Senden Sie bitte alle ausgefüllten gleichfarbigen Berichtsblätter in einem Freiumschlag spätestens Montag

Woche 45

Einzutragende Warengruppen	Datum des Einkaufs	Marke und Sorte	Art des Produkts	Packungsangaben	Preis in DM	In welchem Geschäft wurde gekauft?	Wo entnommen?	Sonderangaben
Fertiggerichte								
Instant-Suppen und -Eintöpfe								
Teigwaren, Nudel-Fertiggerichte								
Trockenpizza								
Sonst. trockene Fertig-/Teilfertigger.								
Komplettmenüs Fertige Komplettgerichte								
Fertiggerichte, -eintöpfe								
Teil-/Fertiggerichte in Dosen								
Tierfertignahrung für Hunde, Katzen, Vögel								
Nichtfertigfutter								
Katzenstreu/Hygienestreu für Katzen								

Bitte vergessen Sie nicht, in allen Warengruppen die Einkäufe sämtlicher Haushaltmitglieder einzutragen!

Seite 13

Abbildung 1.5: Seite aus dem Einkaufskalender

- Der Haushalt zeigt die Karte bei jedem Einkauf in den kooperierenden Geschäften vor. Die Karte wird mit über den Scanner gezogen und die EAN-Codes sowie die Mengen und Preise der gekauften Artikel werden zusammen mit der Haushaltsnummer in einem eigenen Einkaufssatz gespeichert.

- Die Einkaufssätze werden an das Marktforschungsinstitut übertragen und können dort haushaltsbezogen ausgewertet werden.

Die Methode hat eine Reihe eindeutiger Vor- und Nachteile.

Ein wichtiger Vorteil ist zunächst, daß der Aufwand für den Haushalt auf ein Minimum beschränkt ist. Er läßt sich nur in Sekunden messen. Von daher ist die Rekrutierung der Panelhaushalte leichter. Es können auch Haushalte zur Mitarbeit bewegt werden, die den Aufwand scheuen, der mit den anderen Erhebungsmethoden verbunden ist. Das erhöht die Repräsentativität des Panels.

Ein weiterer Vorteil ist, daß die Teilnahme am Panel nicht dazu führt, daß sich die Haushalte ihrer Einkäufe mehr bewußt werden als sonst auch. Bei einem Haushaltspanel werden Produkt, Preis und Einkaufsstätte aufgeschrieben. Beim Inhome-Scanning oder beim Electronic Diary werden die Produkte nochmals in die Hand genommen und die dazugehörigen Preise eingegeben. Dies führt dazu, daß Panelhaushalte in der Regel etwas preissensibler werden, als andere Haushalte. Die Preise im Verbraucherpanel unterschätzen daher in der Regel die Preise im Markt. Ein solcher Paneleffekt ist dagegen beim POS-Scanning nicht zu erwarten, da vom Haushalt keine weiteren Daten eingegeben oder aufgeschrieben werden.

Die Methode hat aber auch eindeutige Nachteile. So können nur EAN-codierte Produkte erfaßt werden. Dies macht die Methode für manche Warengruppen unbrauchbar, vor allem für unverpackte Lebensmittel wie Frischfleisch, unverpacktes Brot etc. Ein weiterer Nachteil ist darin zu sehen, daß das Geschäft, in dem die Erhebung stattfindet, mit einer Scannerkasse ausgestattet sein muß. Deutschland ist von einer flächendeckenden Scannerkassenausstattung noch weit entfernt. Eine umfassende Anwendung der Methode ist schon aus diesem Grund nicht möglich.

Insgesamt ist die Methode unter den derzeitigen Bedingungen für einen flächendeckenden Einsatz nicht geeignet. Ihr Einsatz erfolgt nur in bestimmten Testpanels wie das BehaviorScan-Panel von der GfK oder Telerim von Nielsen. Bei diesen Testpanels werden die Haushalte in Klumpen um bestimmte kooperierende Geschäfte angeworben, in denen ihre Einkäufe erfaßt werden. Ziel dieser Untersuchungsmethodik ist jedoch nicht die Paneltypische kontinuierliche Marktbeobachtung bestimmter Warengruppen, sondern die Beantwortung spezieller temporärer Testfragestellungen.

1.2.4.2.4 Inhome-Scanning

Die zunächst von den Marktforschungsunternehmen AGB (1986 in Australien, 1990 in Großbritannien, 1991 in den Niederlanden) und NPD (1988 in den USA) entwickelte und seit 1992 von Nielsen in Deutschland angewandte Inhome-Scanning-Methode verwendet hierzu ein mobiles elektronisches Gerät mit den Ausmaßen eines größeren Taschenrechners, das den Panelteilnehmern zur Verfügung gestellt wird und mit folgenden Features ausgestattet ist:

- Zwei- bis vierzeiliges Display
- Tastatur mit Zahlen- und einigen Funktionstasten
- Leseeinrichtung für EAN Codes (Lesestift oder Scanner)

Zu diesem "Inhome-Scanner" gehört auch eine Basisstation, in die ein Modem zur Datenübertragung über Telefonleitung zum Institut sowie die Stromversorgung für das Handgerät integriert sind.

Die Erfassung der gekauften Produkte geschieht nun in folgenden Schritten:

Nach dem Einschalten des Geräts wird zunächst das Einkaufsdatum und die Einkaufsstätte eingegeben. Letzteres erfolgt durch Eintippen oder Einlesen des Barcodes oder einer Kennziffer, die aus einer vom Institut zu Verfügung gestellten Aufstellung entnommen wird. Dann wird jeder EAN-codierte Artikel eingescannt sowie Stückzahl und Preis eingegeben. Für nicht EAN-codierte Artikel erhält der Panelteilnehmer ein Buch, das für jeden dieser Artikel einen Barcode enthält. Dieser Code ist herauszusuchen und mit dem Lesestift einzugeben. Das ist unproblematisch, solange sich die Codes nur auf die Frischewarengruppen beziehen und die Abfragetiefe nicht zu groß ist. Genau dies ist in Deutschland jedoch nicht gegeben, da hier vor allem das Handelsunternehmen Aldi seine Artikel in der Regel nicht mit EAN-Codes ausstattet. Das Codebuch muß also fast das gesamte Aldi-Sortiment enthalten. Dazu kommen Teile der Sortimente von Norma und Schlecker, die ebenfalls keine EAN-Auszeichnung haben. Dadurch wird es entsprechend umfangreich und unübersichtlich. So hatte das 1993 von Nielsen herausgegebene Codebuch 125 DIN A4-Seiten. Zum Vergleich: Das von AGB-Dongen in den Niederlanden verwendete Codebuch hat dagegen lediglich 50 DIN A5-Seiten.

1.2.4.2.5 Electronic Diary

Aufgrund der Nachteile des Inhome-Scanning wurden neue Wege zur Datenerfassung durch den Panelteilnehmer gesucht. Die Lösung der GfK ist unter der Bezeichnung "Electronic Diary" bekannt geworden. Zielsetzung dieser Methode ist es, das Codebuch überflüssig zu machen. Hierzu wird eine neue Gerätegeneration eingesetzt, die sich in folgenden Features von den Inhome-Scanning-Geräten unterscheiden:

- Etwa 1 bis 2 MB interner Speicher (gegenüber 64 bis 128 KB bei Inhome-Scanning)
- 10-zeiliges Display (gegenüber 2 bis 4 Zeilen)
- Alphanumerische Tastatur mit Funktionstasten (gegenüber numerischer Tastatur mit Funktionstasten)

Durch diese Hardwareänderungen wird das Gerät zwar größer und schwerer (vgl. Abbildung 1.6), es ermöglicht aber auch, das Codebuch durch einen intelligenten Dialog zu ersetzen.

Abbildung 1.6: Electronic-Diary-Gerät

Bei der Artikeleingabe (z. B.: 100 Gramm Packung süße Mandeln der Aldi-Marke "Sweet Valley") wird dem Gerät zunächst mitgeteilt, zu welcher Grob-kategorie der Artikel gehört (hier lautet die Grobkategorie "Essen"). Es erscheint eine Liste von zugehörigen Warengruppen. Eingabe von "M A N D" führt den Cursor auf Mandeln. Bestätigen mit Return führt zu einer kleinen Liste der Aldi-Produkte, aus der das betreffende Produkt mit den Cursor auszuwählen und dann zu bestätigen ist.

Neben der einfacheren Eingabe der nicht EAN-codierten Artikel hat Electronic Diary auch den Vorteil, daß der Artikelstamm sehr einfach aktualisiert werden kann. Bei Inhome-Scaninng ist hierzu der Druck und Versand eines Codebuchs an alle Panelhaushalte erforderlich. Bei Electronic Diary geschieht dies durch eine Änderung des im Gerät vorhandenen Artikelstamms über Telefonleitung und Modem.

Insgesamt sind die Vorteile von Electronic Diary zumindest für die deutsche Situation so überzeugend, daß diese Methode sich wohl durchsetzen wird. Die GfK stattet seit Frühjahr 1997 ihre beiden Haushaltspanels damit aus. Auch Nielsen setzt bei neuen Haushalten seines Single-Source-Panels ein Gerät ein, das Electronic Diary ermöglicht.

1.2.5 Coverage von Einzelhandelspanel und Verbraucherpanel

1.2.5.1 Grundsätzliche Überlegungen

Der Teil des Gesamtmarktes, der in einem Panel abgebildet wird, wird als "Coverage" bezeichnet. Ideal wäre eine vollständige Abbildung des Marktes. Insofern ist die Höhe der Coverage ein wichtiges Qualitätskriterium für ein Panel. Die vorhandenen Abweichungen von diesem Idealzustand müssen jedoch sehr genau nach ihrer Ursache unterschieden werden, damit die Qualität eines Panels sachgerecht beurteilt werden kann.

Ein Teil des Coverageverlusts rührt daher, daß in einem Panel bestimmte Marktmengen grundsätzlich nicht erfaßt werden können. So macht es keinen Sinn, bei einem Haushaltspanel auch die durch institutionelle Haushalte wie Krankenhäuser, Haftanstalten, Altersheimen etc. erworbenen Mengen mit zu erfassen, da diese Mengen auf andere Weise beeinflußt werden als der Absatz an den privaten Endverbraucher. Hierzu gehören auch die Mengen, die ins Ausland verkauft oder von dort bezogen werden. Solche Mengen spielen im Handelspanel wegen der zunehmenden Größe und internationalen Verflechtung der Handelsunternehmen eine steigende Rolle. Dieser Coverageverlust mag zwar zu beklagen sein, kann jedoch nicht als Qualitätsmangel eines Panels gewertet werden.

Auch der umgekehrte Fall ist selbstverständlich möglich, nämlich daß Handelsunternehmen Preisgefälle ausnutzen und Ware internationaler Konzerne aus dem Ausland beziehen und in Deutschland verkaufen. Dies kann dann zu Panelmengen führen, die die Fabrikabsätze des Herstellers in Deutschland übersteigen.

Generell erhebt also jedes Handels- bzw. Verbraucherpanel einen Teil des Gesamtmarktes. In der Regel überlappen sich die Teile, sind jedoch nicht identisch. Insgesamt ergeben sich daraus vier Teile des Gesamtmarktes (vgl. Abbildung 1.7).

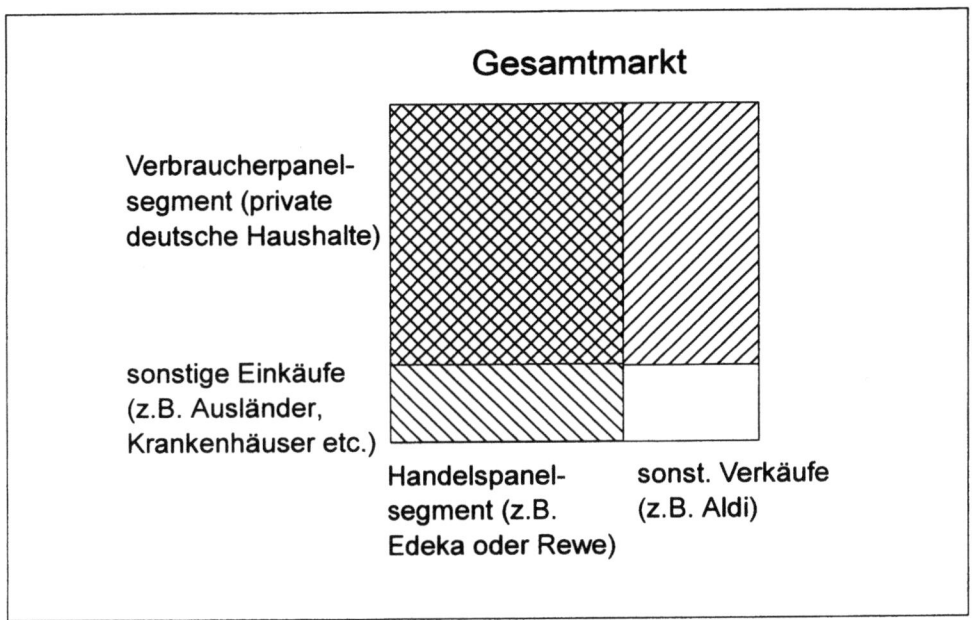

Abbildung 1.7: Coverage Handelspanel und Haushaltspanel

Ein erster Teil wird in beiden Panels erhoben (die doppelt schraffierte Fläche der Abbildung 1.7) und kann beispielhaft als Einkauf eines deutschen Haushalts bei Edeka umschrieben werden. Ein zweiter Teil wird zwar im Handelspanel, nicht aber im Verbraucherpanel erfaßt. Ein Beispiel hierfür ist der Einkauf eines Ausländerhaushalts bei Edeka. Der dritte Teil wird zwar im Haushaltspanel erfaßt, nicht aber im Handelspanel. Ein Beispiel hierfür ist der Einkauf eines deutschen Haushalts bei Aldi. Schließlich gibt es einen Teil des Gesamtmarktes, der in keinem Panel erfaßt wird (Beispiel: Einkauf eines Ausländers bei Aldi).

Die relative Größe der vier Felder hängt dabei von der Warengruppe, von der Vertriebsstruktur des Produkts, der Packungsgröße und anderen Faktoren ab, die in den folgenden Abschnitten näher beleuchtet werden.

Schließlich gibt es eine weitere Abweichung der vom Panel gemessenen Marktmengen von den tatsächlichen Mengen, die aufgrund von Fehlern bei der Erhebung, bei der Bestimmung der Stichprobe oder bei der Hochrechnung entstehen und die als echte Qualitätsmängel des Panels zu bezeichnen sind. Doch auch hier sind wieder Unterscheidungen zu treffen.

So werden insbesondere Änderungen in der Coverage von den Beziehern der Paneldaten als kritisch bewertet. Panels dienen primär zur Abbildung von Marktentwicklungen. Deshalb wird häufig ein Fehler in der Coverage akzeptiert, solange der Fehler über die Zeit hinweg konstant bleibt und daher die Marktentwicklung richtig abgebildet wird.

1.2.5.2 Coverage des Handelspanels

Die Coverage des Handelspanels kann insbesondere beeinträchtigt werden durch:

- Ausschluß bestimmter Geschäftstypen bzw. Handelsorganisationen aus der Grundgesamtheit (Aldi etc.).

- Nichterhebung von Handelsunternehmen, die gleichwohl zur Grundgesamtheit gehören. Ein Beispiel dafür ist Norma, die durch andere Discounter im Panel repräsentiert werden muß. Hier ist es möglich, daß die Nachbildung bestimmte Artikel über- oder unterzeichnet.

- Falsche Bestimmung der Grundgesamtheit. So wurde die co op AG Ende der 80er Jahre von allen Panelinstituten überzeichnet, da die veröffentlichten Zahlen des Unternehmens die Lage zu positiv schilderten.

- Fehler in der Erhebung und im nachfolgenden Produktionsprozeß. Ein Beispiel hierfür ist, daß ein Artikel im Institut nicht übersetzt und daher nicht verarbeitet wird.

Die Coverage kann im Handelspanel bezüglich einzelner Artikel sehr gut überprüft werden. Dazu müssen Panelzahlen und die Absatzstatistik des Herstellers aufeinander abgestimmt werden. Da Panelzahlen aufgrund vertraglicher Bindungen des Marktforschungsinstituts an die erhobenen Handelsunternehmen nicht detaillierter als im Bericht ausgewiesen werden können, müssen die Absatzstatistiken des Herstellers angepaßt werden. Hierzu werden pro Organisationsform:

- Mengen abgezogen, die anderen Organisationsformen oder anderen Geschäftstypen zuzuordnen sind. Wird z.B. die Coverage von Kaugummi überprüft, dann sind an die obi-Baumärkte gelieferten Mengen (obi gehört zum Handelsunternehmen "Tengelmann" und wird u.U. dort auch abgerechnet) herauszurechnen.

- Mengen dazuaddiert, die in anderen Organisationsformen enthalten sind. Dies ist z.B. möglich, wenn bei Firmenaufkäufen während des Jahres die Grundgesamtheit aus Gründen der Kontinuität der Berichterstattung beibehalten wird.

Die so bereinigten Mengen werden mit den Einkaufsdaten lt. Panel in der Organisationsform verglichen. Dies ist nicht immer eindeutig möglich. So kann es sein, daß ein Verbrauchermarkt mit angeschlossenem Baumarkt nur eine Liefer- und Rechnungsadresse hat. In diesem Fall müssen Schätzungen vorgenommen werden. Trotzdem ist dies i.d.R. für praktische Zwecke ausreichend genau möglich.

Werden Geschäfte nicht direkt sondern nur über den Großhändler beliefert und weist ein Artikel starke Schwankungen im Abverkauf (z.B. Sekt) aus, dann kann es vorkommen, daß Panelzahlen und Fabrikabsätze zeitversetzt untersucht werden müssen.

1.2.5.3 Coverage des Verbraucherpanels

Die Coverage des Verbraucherpanels ist vor allem beeinträchtigt durch:

- Einkäufe von nicht privaten Haushalten. So wird ein nicht unerheblicher Teil des Röstkaffees in Anstalten und in Büros konsumiert.

- Einkäufe von Ausländerhaushalten, die ebenfalls nicht im Haushaltspanel erfaßt werden. Davon betroffen sind Nahrungsmittel, die von diesen Haushalten besonders bevorzugt werden (z.B. bestimmte Teigwaren).

- Nichteintragung durch Panelteilnehmer. Dies ist insbesondere relevant für Produkte, die den Haushalt nicht erreichen, weil sie unterwegs aufgebraucht werden. Beispiele hierfür sind Coladosen (im Haushaltspanel) oder Einerpackungen von Schokoriegeln (im Individualpanel), betrifft aber auch Produkte, die von Kindern selbständig eingekauft werden.

Die tatsächlich erreichte Coverage für ein Produkt hängt daher von vielen Faktoren ab. Sie ist u.a. abhängig von:

- der Warengruppe. Hier spielt insbesondere eine Rolle, inwieweit eine Warengruppe von Ausländern, nicht privaten Haushalten oder selbständig von Kindern eingekauft wird.

- der Packungsform. So sind Getränkedosen eher für den Unterwegskonsum geeignet und werden daher schlechter erfaßt als Mehrwegflaschen.

- der Packungsgröße. Bei Haushaltsreinigern ist die Coverage bei mittleren Größen am besten. Sie wird bei sehr kleinen Größen von den Einkäufen von Anstaltshaushalten (z.B. Altenwohnheimen oder Polizeikasernen), bei den Großpackungen von den Einkäufen von Arztpraxen, Gastwirtschaften etc. beeinträchtigt.

- von der Erhebung.

Der letzte Punkt bedarf einer Erläuterung:

Die Coverage wird zunächst beeinflußt von der Art der Erhebung. POS-Scanning führt dazu, daß die Einkäufe in einem Teil der Geschäfte grundsätzlich nicht erfaßt werden. Der Kalender, mit dem nur bestimmte Warengruppen erhoben werden und der nach Warengruppen gegliedert ist, ist immer dann problematisch, wenn die Grenze für eine Warengruppe nicht eindeutig gezogen werden kann. Dies gilt insbesondere für den Süßwarenbereich. Ein Beispiel ist das Produkt "Schokobons" von Ferrero, das die Grenze zwischen den Bonbons und den Schokoknabberartikeln verwischt.

Bei den Scanningmethoden spielt dann noch eine Rolle, ob das Produkt EAN-codiert ist. EAN-codierte Produkte lassen sich sehr leicht, nicht codierte Produkte nur mit einem Mehraufwand erfassen, der insbesondere beim Inhome-Scanning erheblich sein kann.

Beim Kalender ist darüber hinaus noch die Gestaltung der Erhebungsunterlagen bedeutsam. Dabei ist wichtig, ob die Erhebung durch entsprechende Zeichnungen unterstützt wird, an welcher Stelle die Warengruppe erhoben (Warengruppen an vorderer Stelle sind bevorzugt) und welcher Platz der Warengruppe eingeräumt wird.

1.2.6 Hochrechnung

Die Hochrechnung ist der Prozeß, durch den der Schluß von den Stichproben-ergebnissen auf die entsprechenden Werte der Grundgesamtheit möglich wird. Zu diesem Zweck werden die in der Stichprobe erhobenen Werte mit den sogenannten Hochrechnungsfaktoren multipliziert.

1.2.6.1 Hochrechnung im Handelspanel

Die Stichprobe eines Handelspanels ist disproportional angelegt, d.h. große Geschäfte erhalten einen höheren Auswahlsatz (Anteil der Stichprobe an der Grundgesamtheit) als kleine Geschäfte (vgl. Abschnitt 1.2.3.2). Das bedeutet, daß die Handelspanelstichprobe eine gewollte Schiefe aufweist. Diese "Schiefe" muß durch die Hochrechnung ausgeglichen werden.

Für die Zwecke der Hochrechnung werden Grundgesamtheit und Stichprobe sehr fein unterteilt hinsichtlich der Kriterien:

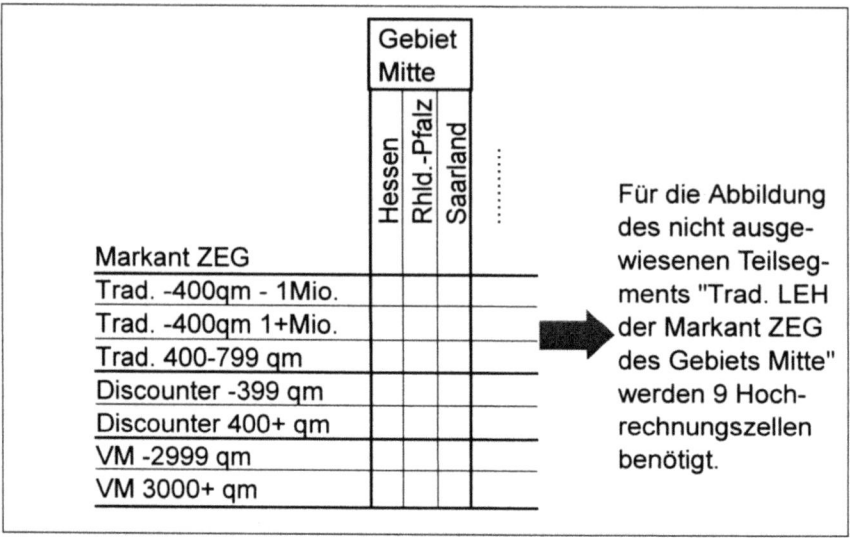

Abbildung 1.8: Gliederung der Hochrechnungszellen (Auszug)

- Organisationsform
- Gebiet (Bundesland)
- Geschäftstyp und Geschäftsgröße (Verkaufsfläche).

Damit ergibt sich eine Vielzahl von sogen. "Hochrechnungszellen", die in Abbildung 1.8 ausschnittsweise aufgezeigt werden.

Manche dieser Hochrechnungszellen sind leer, d.h. es sind keine Geschäfte der Grundgesamtheit vorhanden. Solche Zellen sind für die Hochrechnung selbstverständlich ohne Belang. Bei der Vielzahl der Hochrechnungszellen kann trotzdem nicht sichergestellt werden, daß jede nicht leere Hochrechnungszelle mit einem Stichprobengeschäft ausgestattet ist. In der Praxis hilft man sich dadurch, daß ein Geschäft aus einer benachbarten Zelle in die unbesetzte Zelle dupliziert wird. Das bedeutet, daß eine Art virtuelles Geschäft angelegt wird, das mit den Werten eines realen Geschäfts versehen wird. Wenn beispielsweise die Zelle "Trad. LEH bis 400qm und 1 Mio. Umsatz der Organisationsform Markant ZEG im Saarland" unbesetzt wäre, so könnte ein Stichprobengeschäft aus Rheinland-Pfalz mit ansonsten gleichen Merkmalen in das Saarland dupliziert werden. Im Ergebnis muß erreicht werden, daß jede Hochrechnungszelle mit Geschäften ausgestattet ist.

Von jeder Hochrechnungszelle muß über die Grundgesamtheit bekannt sein bzw. ist zu schätzen:

- Anzahl der Geschäfte
- Umsatz der Geschäfte

Damit ergibt sich ein erster Hochrechnungsfaktor als

Hochrechnungsfaktor 1 = N(i) / n(i),

N(i) = Anzahl der Geschäfte der Grundgesamtheit in der Hochrechnungszelle i
n(i) = Anzahl der Geschäfte der Stichprobe in der Hochrechnungszelle i

Es wird angestrebt, eine Hochrechnungszelle so zu besetzen, daß die mittlere Größe der Geschäfte in der Grundgesamtheit gleich der mittleren Größe der Geschäfte in der Stichprobe ist. Dies ist jedoch nicht immer möglich, z.B. weil die Geschäfte, die erhoben werden können, vom Handelsunternehmen bestimmt werden. In diesem Fall würde der Umsatz bei der ausschließlichen Verwendung des Hochrechnungsfaktors 1 über- bzw. unterschätzt. Aus diesem Grund arbeitet man zusätzlich mit einem zweiten Hochrechnungsfaktor, der sich wie folgt ergibt:

Hochrechnungsfaktor 2 = U(i) / u(i),

U(i) = relevanter Umsatz der Grundgesamtheit in der Hochrechnungszelle i
u(i) = relevanter Umsatz der Stichprobe in der Hochrechnungszelle i.

Relevant ist der Umsatz, der durch das Panel abgebildet werden soll. Im LEH-Panel ist es der Umsatz mit Nahrungsmitteln und Drogeriewaren.

Bei allen Ergebnissen, die sich pro Geschäft mit ja / nein bzw. vorhanden / nicht vorhanden codieren lassen, wird der Hochrechnungsfaktor 1 angewendet. Ein Geschäft hat einen Artikel im Bestand oder nicht, es hat ihn verkauft und / oder eingekauft oder es hat dies nicht getan. Diese Ergebnisse werden für die Berechnung der numerischen Distribution Bestand, Verkauf oder Einkauf und auch Gesamt benötigt[4]. Der Hochrechnungsfaktor 1 wird daher auch als "Hochrechnungsfaktor Distribution" bezeichnet. Dahinter steht die Überlegung, daß die grundsätzliche Entscheidung, einen Artikel zu führen, weniger von der Größe als vielmehr vom Typ, der Region und der Organisationsform abhängt.

Bei allen mengenabhängigen Ergebnissen (Zukauf Menge und Wert, Bestand Menge und Wert, Verkauf Menge und Wert) wird dagegen der Hochrechnungsfaktor 2 angewendet, der deshalb auch als "Hochrechnungsfaktor Menge" bezeichnet wird. Diese Fakts werden von der Größe des Geschäfts determiniert.

Darüber hinaus gibt es Fakts, für deren Berechnung beide Hochrechnungsfaktoren benötigt werden. Ein Beispiel ist die gewichtete Distribution Verkauf, die aussagt, welchen Umsatzanteil an der Warengruppe diejenigen Geschäfte haben, die ein Produkt führen. Die Tatsache, ob das Produkt geführt wird, wird mit dem Hochrechnungsfaktor Distribution hochgerechnet, der Warengruppenumsatz, mit dem dies dann zu gewichten ist, dagegen mit dem Hochrechnungsfaktor Menge.

1.2.6.2 Hochrechnung im Verbraucherpanel

Im Verbraucherpanel wird im Gegensatz zum Handelspanel eine im wesentlichen proportionale Stichprobe angestrebt. Dadurch erhält grundsätzlich jedes Element der Stichprobe den gleichen Hochrechnungsfaktor, der sich im Haushaltspanel wie folgt ergibt:

Hochrechnungsfaktor = (Zahl der Haushalte in der Grundgesamtheit) / (Zahl der Haushalte in der Stichprobe)

---

[4] Vgl. Punkt 3.4.1.2

Bei einer Grundgesamtheit von 30,6 Mio. Haushalten und einer Stichprobe von 7.000 Haushalten ergibt sich somit für jeden Panelhaushalt ein Hochrechnungsfaktor von 4.371. Das bedeutet, daß jeder Einkauf eines Haushalts für 4.371 Einkäufe entsprechender Haushalte in der Grundgesamtheit steht.

In der Praxis stellt sich die Hochrechnung im Verbraucherpanel jedoch komplexer dar, da zunächst vor der Hochrechnung mit dem konstanten Faktor eine strikte Proportionalität der Stichprobe hergestellt werden muß. Die Proportionalität kann aus verschiedenen Gründen verletzt sein:

- Ein Haushalt hat in einer Berichtsperiode nicht oder nicht ausreichend berichtet und fällt daher aus.

- Ein Haushalt hat die Zusammenarbeit mit dem Panelinstitut beendet und konnte noch nicht durch einen strukturgleichen Haushalt ersetzt werden.

- Die Einpersonenhaushalte sind absichtlich geringer in der Stichprobe vertreten, als es ihrem Anteil in der Grundgesamtheit entspricht, weil sie relativ wenig zum Gesamtvolumen der Märkte beitragen.

1.3 Übungsaufgaben zu Kapitel 1

Aufgabe 1.1:
Was versteht man unter einem Panel?

Aufgabe 1.2:
Ein Kriterium zur Bewertung der Qualität von Panels ist die Panelsterblichkeit. Was versteht man unter diesem Begriff, und warum ist eine geringe Panelsterblichkeit ein Qualitätsmerkmal?

Aufgabe 1.3:

In welchen Fällen, bzw. bei welchen Fragestellungen sollte auf den Einsatz von Panels verzichtet werden?

Aufgabe 1.4:

Warum sind Befragungspanels in der Regel keine „richtigen" Panels?

Aufgabe 1.5:

Aus welchen Elementen besteht ein Panel?

Aufgabe 1.6:

Im Rahmen von Handelspanels werden u.a. verschiedene Geschäftstypen unterschieden. Welche Möglichkeiten zur Differenzierung von Geschäftstypen kann man unterscheiden?

Aufgabe 1.7:

Zum Aufbau eines Handelspanels muß u. a. die Grundgesamtheit bestimmt werden. Welche Quellen können hierzu herangezogen werden?

Aufgabe 1.8:

Was versteht man unter der Repräsentativität einer Stichprobe?

Aufgabe 1.9:

Wie wird die Genauigkeit einer Stichprobe beurteilt und von welchen Faktoren wird sie beeinflußt?

Aufgabe 1.10:
Warum ist die Stichprobe für ein Einzelhandelspanel nicht proportional geschichtet?

Aufgabe 1.11:
Welche Quotierungsmerkmale sind beim Aufbau der Stichprobe für ein Einzelhandelspanel zu beachten?

Aufgabe 1.12:
Bei der Erhebung der Daten in einem Panel kann man u. a. auf die Inventurmethode zurückgreifen. Welche Vor- bzw. Nachteile sind mit dieser Vorgehensweise verbunden?

Aufgabe 1.13:
Worin liegen die Probleme bei der Erfassung der Abverkaufspreise in einem Handelspanel?

Aufgabe 1.14:
Zur Erhebung der Daten in einem Verbraucherpanel können unterschiedliche Methoden eingesetzt werden. Beschreiben Sie kurz drei dieser Methoden und zeigen Sie deren Vor- bzw. Nachteile auf.

Aufgabe 1.15:
Was versteht man unter der Coverage eines Panels? Wie kann sie gemessen werden und von welchen Faktoren wird sie beeinflußt?

Aufgabe 1.16:

Warum verwendet man im Rahmen eines Handelspanels zwei Hochrechnungsfaktoren?

2. Arten von Panels

Historisch betrachtet war das erste Panel ein klassisches Handelspanel, entwickelt von dem Amerikaner A. C. Nielsen (1933). Er war derjenige, der als erster erkannte, daß die unternehmenseigenen Produktionszahlen für eine genaue Vertriebssteuerung und Marktbeobachtung nicht aussagefähig genug sind. Vielmehr wurden Kennzahlen der Mitbewerber benötigt. Da diese in der Regel nicht bekannt gegeben werden, suchte er nach Möglichkeiten, Näherungswerte zu berechnen und begann mit der Informationssammlung am Point of Sale.

2.1 Handelspanel

Bis in die späten 60iger Jahre galt das Handelspanel als die klassische Art der außerbetrieblichen Informationsgewinnung über die Absatzentwicklung der Unternehmen. Es wurde von „dem Handelspanel" ohne weitere Differenzierung gesprochen. Gemeint war damit die Informationserhebung für definierte Warengruppen[1] in ausgewählten traditionellen Einzelhandelsgeschäften. Die Handelsstruktur dieser Jahre bestand vorwiegend aus mittleren und kleinen Geschäften, die ein breites Sortiment von Artikeln in nicht allzu großer Tiefe führten. Befriedigt werden konnte hier im Bereich des Lebensmitteleinzelhandels vor allem der Bedarf an täglich notwendigen Konsumgütern und im Bereich des Facheinzelhandels der Bedarf an kurz- und langlebigen Gebrauchsgütern. Die Produkte wurden aber im Laufe der Zeit differenzierter; zusätzliche Hersteller aus dem In- und Ausland drängten, mit zum Teil gleichen oder weiterentwickelten Produkten und Ausstattungen, auf den Markt. Mit diesem Wandel in der Produktpalette (größere Sortimentstiefe) ging auch ein Wandel in der Sortimentsbreite einher.

Parallel zur Veränderung der Sortimentsbreite und -tiefe, ergaben sich auch Verschiebungen in der Handelslandschaft und im Einkaufsverhalten der Konsumenten. Völlig neue Vertriebsschienen wie z. B. Verbrauchermärkte, Discounter, Drogeriefachgeschäfte, Getränkeabholmärkte und Baumärkte entstanden. Der traditionelle Einzelhandel wurde immer weiter zurückgedrängt.

All diese Entwicklungen sind sämtlichst in das Handelspanel eingegangen und haben zu einer starken Diversifizierung innerhalb der Institute geführt. Es wird heute allgemein eine Grobunterteilung in das sogenannte Food- und Nonfood-Panel vorgenommen.

2.1.1 Food Panel

Das Food Panel umfaßt heute nicht nur die Kategorie Lebensmittel die tatsächlich zum Verzehr geeignet sind, sondern auch die üblicherweise in diesem Geschäftstypus verfügbaren Warengruppen, wie zum Beispiel Waschmittel, Körperpflegeartikel, etc.. Heute sind nahezu alle Warengruppen aus dem früheren traditionellen Lebensmitteleinzelhandel im Angebot der Institute zu finden.

Wie bereits oben angesprochen, hat sich die Handelslandschaft in starkem Maße verändert, da neue Geschäftstypen hinzugekommen sind. Fließt ein beträchtlicher Teil der Umsätze über eine dieser Vertriebsschienen, muß diese in der Panelberichterstattung entsprechend berücksichtigt werden.

Einige Beispiele:

Drogeriemärkte dürfen bei den Warengruppen der Körperpflege und Babynahrung nicht fehlen.

Abholmärkte sind fester Bestandteil für die Warengruppen Bier, sowie Spirituosen und alkoholfreie Getränke. *Spezielle Fachhandelsgeschäfte* sind für eine genaue Beobachtung von Süßwaren zwingend erforderlich.

Diese Aufstockung mit zusätzlichen Geschäften für die unterschiedlichen Warengruppen dient einmal der Repräsentativität, zum anderen wird sie benötigt, um zusätzliche Informationen über warengruppenspezifische Absatzkanäle zu erhalten. Viele Brauereien sind nicht nur am Absatz in ihrem Kerngebiet (z.B.: NRW) interessiert, sondern wünschen eine weitere Aufteilung der Absätze und Umsätze

---

[1] Zur Definition von Warengruppen siehe Punkt 3.1.1

nach Vertreterbezirken oder Regierungskreisen. Andere benötigen dagegen die Information nur über die Absätze in ihrer eigenen Region.

2.1.2 Non Food Panel

Zu Beginn der Berichterstattung Anfang der 70iger Jahre standen die Warengruppen Foto und Do-it-yourself im Focus, etwas zeitverzögert folgten die Warengruppen der Braunen und Weißen Ware:

- *Braune Ware* : Fernsehgeräte, Videorecorder, Camcorder, Radios etc.

- *Weiße Ware* : Großgeräte wie: Kühlschränke, Gefriergeräte, Herde
  Kleingeräte wie: Rasierer, Bügeleisen, Küchenhilfen

Aber auch hier hat sich die Handelslandschaft gegenüber den Anfängen deutlich verändert. Viele kleine Geschäfte waren dem Wettbewerbsdruck der großen Fachhandelsketten nicht mehr gewachsen und gaben auf. So entstanden in den letzten Jahren analog zum Food Panel zahlreiche neue und veränderte Absatzkanäle für die Hersteller. Gefördert wird diese Entwicklung auch durch die Diversifizierung der Handelsunternehmen. Dies hat zu gravierenden Änderungen der Warengruppen geführt. Immer mehr Hersteller drängen in die unterschiedlichen Märkte und der Informationsbedarf wächst ständig. Durch diesen Prozeß haben sich zahlreiche zusätzliche Warengruppen ergeben, die im Panel mit abgedeckt werden müssen. Allein die Zunahme der Baumärkte eröffnete die Möglichkeit, neben Werkzeugen, auch Gartenbedarfsartikel und sanitäre Güter zu erfassen. Farben und Lacke sind hier ebenfalls mit einzubeziehen.

Das gesamte Non Food Panel muß heute in die folgende Teilbereiche untergliedert werden:

- Klassische Elemente wie Braune und Weiße Ware
- Photopanel mit Warengruppen wie Filme, Photoapparate und Kameras

- Telekommunikation mit Telefonen, Telefaxen, Kopiergeräten
- Möbelpanel
- Schmuckpanel
- Sportpanel mit Ski, Skibindungen, Skischuhen, Tennisschlägern etc.
- Gartenpanel
- Büropanel mit Füller, Textmarker, Enthefter
- Optikpanel mit Brillenfassungen, Kontaktlinsenreiniger
- Glaspanel
- Sanitätspanel mit z. B. Stützstrümpfen
- Werkzeugmaschinen mit Bohrmaschinen, Sägen
- Farben, Lacke mit Holzschutzmitteln, Lackfarben

Die Unterteilung in die verschiedenen Absatzkanäle ist analog dem Food Panel gegeben, das heißt, die relevanten Absatzkanäle werden in den einzelnen Berichten separat ausgewiesen. Unterschiedlich ist dagegen die Erfassungshäufigkeit. Während für die Warengruppen der Braunen und Weißen Ware der gleiche zweimonatliche Berichtsrhythmus wie im Food Panel besteht, erfolgt beispielsweise bei der Warengruppe Ski, etc. die Berichterstattung dreimonatlich in den Winter- und halbjährlich in den Sommermonaten. Natürlich ist dieser saisonale Einfluß auch bei anderen Warengruppen gegeben, so daß sich die Institute hier klar an den Vorgaben des Marktes orientieren. Weiterhin können spezielle Kundenwünsche dazu führen, daß von der typischen Periodizität abgewichen wird.

2.1.3 Sonderformen des Handelspanels

Das Handelspanel Food deckt mit der Warengruppenerhebung in den unterschiedlichen Segmenten nicht alle Absatzkanäle ab, die für bestimmte Warengruppen notwendig sind. Aus diesem Umstand heraus wurden weitere Panels gestartet.

2.1.3.1 Cash & Carry Panel

In den Großhandelsbetrieben erfassen die Institute bei weitem nicht den Datenumfang, wie er für ein „normales" Handelspanel üblich ist. Es werden jeweils nur
die Einkäufe und Verkaufspreise festgehalten. Da unterstellt wird, daß es zu keiner Lagerhaltung kommt, werden die unterschiedlichen Bestandsinformationen
nicht erfaßt.

2.1.3.2 Gastronomiepanel

Das Gastronomiepanel gibt vorwiegend Auskunft über die Einkaufsmengen und
die Einkaufsorte der Gastronomiebetreiber. Die Art der Informationsgewinnung
erfolgt auch hier über die Auswertung der Einkaufsbelege.

2.1.3.3 Impulspanel

Im Impulspanel wird das Kaufverhalten in den sogenannten Impulskanälen,
Tankstellen, Kiosken sowie Trink- und Imbißhallen, abgebildet. Die Informati-
onsgrundlage bilden hier ebenfalls die Einkaufsbelege.

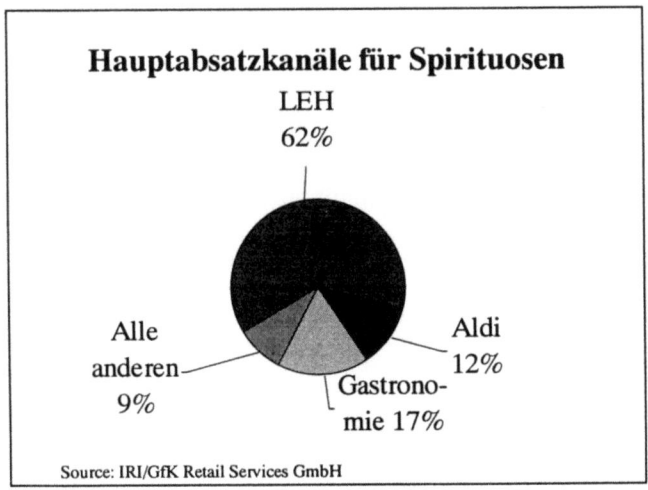

Abbildung 2.1 : Absatzkanäle der Spirituosen

2.2 Verbraucherpanel

Im Gegensatz zum Handelspanel werden im Verbraucherpanel keine Verkäufe im Handel, sondern unter anderen die Einkäufe der Verbraucher gemessen. Betrachtet werden hierbei immer *Endverbraucherpanels*, wobei es sich generell um einstufige Panels handelt. Ähnliche Formen, wie der zweistufige Handel (Verkauf eines Produktes an den Großhandel, dann an den Einzelhandel) existieren in dieser Panelart nicht. Der Verzicht auf ein Großverbraucherpanel (Kantinen, Krankenhäuser etc.) ist darauf zurückzuführen, daß es sich hierbei nicht um den Absatz an Endverbraucher handelt.

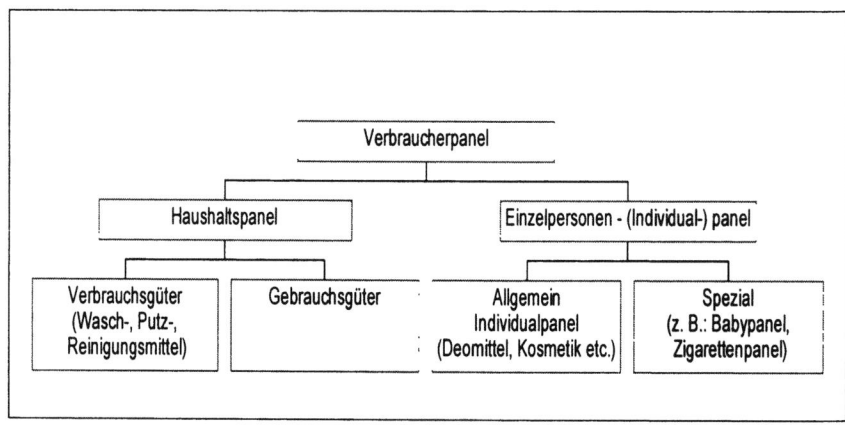

Abbildung 2.2: Arten des Verbraucherpanels

Das Verbraucherpanel gliedert sich in das *Haushalts- und Einzelpersonenpanel*. Diese Unterteilung wird aufgrund des Einkaufsverhalten und der Warengruppen getätigt. Handelt es sich um Warengruppen die für den gesamten Haushalt gekauft werden, werden diese im sogenannten Haushaltspanel ausgewiesen, während Waren, die von einer Person für sich allein gekauft wurden, im Einzelpersonenpanel berichtet werden.

Im Haushaltspanelbereich werden sowohl Warengruppen des Food als auch des Non Food Bereiches erfaßt, ohne daß hier eine weitere Unterteilung wie im Handelspanel erfolgen würde.

46

2.3 Scannerpanel

Scannerpanel basieren auf Daten, die in den Abverkaufsstellen an der Kasse automatisch erfaßt werden (vgl. Punkt 1.2.4.1). Somit können die Preis-Mengen-Angaben pro Kaufakt festgehalten und die Preise müssen nicht als Durchschnittswerte errechnet werden, was zu Fehlern führen kann. Ein weiterer Vorteil ist darin zu sehen, daß Scannerpanel eine Berichterstattung im Wochenturnus erlauben, was dem Unternehmen die Chance gibt, Fehlentwicklungen frühzeitig zu erkennen und entsprechende Maßnahmen einzuleiten.

InfoScan und Scantrack Services sind die Angebote, unter deren Namen die IRI/GfK (InfoScan) sowie A.C. Nielsen (Scantrack Services) ihre Leistungen im Bereich Scannerpanel ihren Kunden zur Verfügung stellen. Darüber hinaus können u.a. bei der MADAKOM GmbH in Köln Scannerdaten bezogen werden.

Im Rahmen der Scannerpanel werden zusätzlich zu den über den Scanner gewonnenen Preis- und Mengeninformationen in der Regel die Aktivitäten in den Märkten erfaßt, so daß der Einfluß unterschiedlicher Aktionsformen überprüft werden kann. Desweiteren ermöglicht die parallele Erfassung der Merchandising-Maßnahmen die Differenzierung zwischen Normal- und Aktionspreisen sowie umfangreiche Preisanalysen.

Typische Fragestellungen die mit Hilfe von Scannerdaten beantwortet werden können, sind u.a.:

- Vergleich Normal- / Aktionspreis
- Bewertung alternativer Merchandisingaktivitäten
- Optimierung der Preispolitik
- Aktionsbedeutung in den Warengruppen
- Sortimentsoptimierung
- Einführungskontrolle von Neuprodukten
- Bedeutung von Saisoneffekten
- Unterstützung der Jahresgespräche

2.4 Anzeigenpanel

Beide Marktforschungsinstitute, sowohl GfK als auch Nielsen, betreiben jeweils ein Anzeigenpanel. Zielsetzung ist hierbei allerdings nicht die Erfassung der Aktivitäten der Hersteller, sondern der des Handels. Die GfK bietet diesen Service unter dem Namen IMP, A.C. Nielsen unter Prisma an.

Die relevanten Informationen werden nicht nur in den täglich erscheinenden Tageszeitungen, sondern auch in Anzeigenblättern, Handzetteln und Kundenzeitschriften erhoben. Durch die zusätzliche Analyse dieser Elemente ist sichergestellt, daß alle anzeigenrelevanten Bereiche durch die Institute abgedeckt werden.

Festgehalten werden folgende Informationen:

- Wer hat
- wann,
- in welchem Medium (Tageszeitung, Handzettel, etc.)
- in welcher Größe,
- zu welchem Preis ein Produkt offeriert.

Neben diesen Basisinformationen wird zusätzlich die Anzeigengröße mit erfaßt. Dabei wird die Breite in Zeitungsspalten und die Höhe der Anzeige in Millimetern aufgenommen.

Darüber hinaus ist die Anzeigengestaltung ein wichtiges Kriterium. Es wird berücksichtigt, ob das einzelne Angebote innerhalb einer Anzeige besonders groß oder klein ist, oder ob eine Produktabbildung mit abgedruckt wurde. Ferner wird erfaßt, oder ein Firmenlogo verwendet wurde.

Aufgrund dessen, daß die Erhebung über frei verfügbares Material erfolgt, kann bei diesen Panels die Segmentierung viel feiner als beim Handelspanel erfolgen. So können nicht nur die Key Accounts, sondern auch deren verschiedenen Vertriebsschienen dargestellt werden.

2.5 Integrierte Panel

2.5.1 Panel System Forschung (PSF)

Bereits zu Beginn der 90iger Jahre wurde innerhalb der GfK in Nürnberg eine Projektgruppe mit dem Auftrag etabliert, sämtliche Panelberichte zu vereinheitlichen und nach Möglichkeit zu konsolidieren. So leicht diese Aufgabe auch auf den ersten Blick erschien, erst nach 2 Mannjahren konnten die ersten Berichte geliefert werden. Bisher wurden das Handels-, das Verbraucher- sowie das Anzeigenpanel zu einem einheitlichen Bericht zusammengefügt (vgl. Abbildung 2.3).

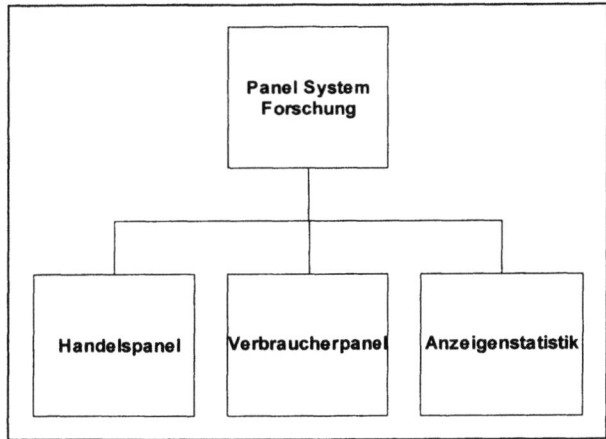

Abbildung 2.3: Panel System Forschung

Erstmals ist es in dieser Form der Berichterstattung (PSF) gelungen, unterschiedliche Datenquellen miteinander zu kombinieren und einen "Quantitativen Marktforschungsbericht" mit integrierten Daten zu erstellen.

Es ist leicht ersichtlich, daß diese Form der Berichterstattung nicht einfach eine Addition der Einzelwerte aus den einzelnen Instrumenten sein kann. Einkäufe, gemessen im Haushaltspanel, dürfen nicht einfach zu den Verkäufen des Handelspanels addiert werden. Diese Tatsache erschwert die Berichterstattung, führt aber bei methodisch sauberer Zusammenführung der Instrumente zu einer höheren Coverage, als die Einzelinstrumente aufweisen können.

2.5.2 Nielsen Single Source

Single Source ist ein repräsentatives Haushaltspanel, das seit 1992 von A.C. Nielsen für unterschiedliche Warengruppen angeboten wird[2]. Mit Hilfe dieses Panels soll insbesondere der Einfluß der Werbung auf das Kaufverhalten aufgezeigt werden. Zur Zeit umfaßt das Panel 9.000 Haushalte, wobei eine Aufstockung auf 12.000 Haushalte vorgesehen ist. Bei allen Haushalten kann das Einkaufsverhalten in Abhängigkeit von den Promotions am Point of Sale sowie von der Werbewirkung der Printkampagnen analysiert werden. Zusätzlich sind 4.800 (geplant 6.000) Haushalte mit einem TV-Meter ausgestattet, um personen- und zeitgenau festzuhalten, wann welches Haushaltsmitglied welches Fernsehprogramm und damit welchen Werbeblock gesehen hat. Diese Informationen werden anschließend mit dem Einkaufsverhalten verglichen, um die Wirkung von TV- und Printkampagnen zu überprüfen. Auf die zusätzliche Integration von Handelszahlen wurde verzichtet, so daß keine Verbindung zwischen der Warenpräsentation bzw. der Warenverfügbarkeit in den Geschäften und dem Einkaufsverhalten hergestellt werden kann.

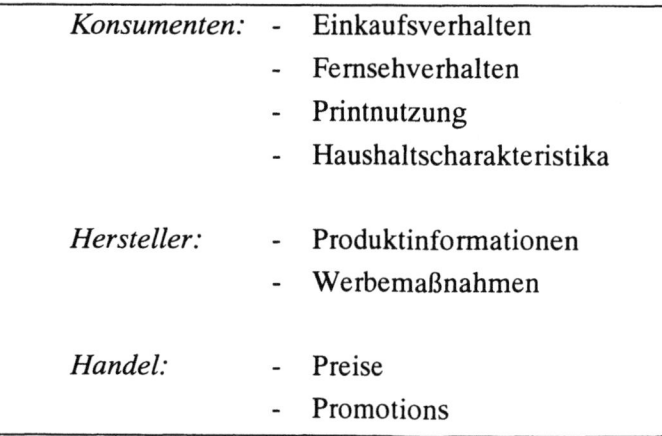

Abbildung 2.4: Datenumfang von Nielsen Single-Source

---

[2] Die Angaben zu Single Source beruhen auf Unterlagen von A.C. Nielsen

Die Daten über das Kaufverhalten (vgl. Abbildung 2.4) werden mit Hilfe elektronischer Handscanner von den Panelteilnehmern selbst erhoben. Hierzu müssen diese alle eingekauften Produkte mit Hilfe des EAN-Codes sowie die Codes für die Einkaufsstätten einscannen. Zusätzlich ist für jedes Produkt einzugeben, zu welchem Preis es gekauft wurde. Waren, die nicht mit einem EAN-Code versehen sind, wie beispielsweise Obst- und Gemüse, können anhand eines Menüs ebenfalls mit dem Handscanner erfaßt werden. Um die Einflußnahme von Promotionmaßnahmen (Handzettel oder Tageszeitungsinserate) auf das Kaufverhalten ebenfalls erfassen zu können, haben die Haushalte die Möglichkeit, mit Hilfe des Handscanners anzugeben, ob sie beim Kauf einzelner Produkte durch eine bestimmte Verkaufsförderungsmaßnahme beeinflußt wurden. Insgesamt ergibt sich somit eine umfangreiche Datenbasis.

Zur Erfassung der Printnutzung werden ebenfalls die EAN-Codes herangezogen. Die Kontakte mit TV-Spots werden, wie bereits erwähnt, mit Hilfe sogenannter TV-Meter erhoben. Diese elektronischen Zusatzgeräte erlauben eine sekundengenaue Erfassung der ausgestrahlten TV-Kanäle. Zum Einsatz kommt hier eine spezielle Fernbedienung, mit deren Hilfe sich die einzelnen Familienmitglieder ein- (die Person sieht das aktuelle Fernsehprogramm) bzw. ausschalten können.

Die Daten aus den Handscannern und dem TV-Meter werden über ein Modem automatisch an den Zentralrechner von A.C. Nielsen übermittelt, von wo aus sie weiterverarbeitet werden können. Pro Person bzw. pro Haushalt kann somit eine direkte Verbindung zwischen dem Einkaufsverhalten und dem Mediaverhalten bzw. der Einflußnahme durch die Promotions hergestellt werden.

Typische Fragestellungen, die mit Hilfe von Single Source beantwortet werden können:

- Welche Leistungswerte erreichen Werbekampagnen in Käuferzielgruppen?
- Welche Marken haben die treuesten Käufer?
- Wie unterscheiden sich die jeweiligen Käuferprofile?
- Wieviele Haushalte stehen hinter den Produkten?
- Welche Rolle spielt Aldi in der Warengruppe?

- Welche Marken werden parallel gekauft und verwendet?
- Wie hoch ist der Wert des Warenkorbs beim Kauf bestimmter Produkte?

Tabelle 2.1: Segmentierung nach Käufer- und Mediaverhalten

Segmentierung nach dem Kaufverhalten	Konsumenten bestimmter Warengruppen
	Konsumenten bestimmter Marken
	Konsumenten bestimmter Produkte
	Kunden bestimmter Handelsorganisationen
	Promotion-/Non-Promotion-Käufer
	heavy / light buyer
	regelmäßige / unregelmäßige Käufer
	markentreue Käufer / Markenwechsler
Segmentierung nach dem Mediaverhalten	TV -Nutzung (hohe - geringe Kontaktdosis)
	Print-Nutzung (gemessen über den Kauf der Printmedien)

Die oben genannten Fragestellungen können nicht nur für Deutschland Gesamt ausgewiesen werden, sondern auch nach dem Kauf- und dem Mediaverhalten (vgl. Tabelle 2.1).

2.6 Fernsehzuschauerpanel

2.6.1 Grundlagen

Die Fernsehzuschauerforschung erfaßt kontinuierlich, welche Haushalte und Personen zu welchen Zeiten wie lange welche Sender und Sendungen nutzen. Sie verfolgt damit vor allem zwei Ziele:

- Zunächst liefert sie die Grundlage für die Analyse und Planung der Fernsehprogramme. Sehbeteiligungen insgesamt oder von bestimmten Zielgruppen sind die wesentlichen Leistungskriterien für einzelne Sendungen und ganze Sender.

- Weiter liefert die Fernsehforschung auch den Leistungsnachweis für die Fähigkeit der von einem Sender angebotenen Werbezeiten, eine vordefinierte Zielgruppe quantitativ und qualitativ zu erreichen. Ihre Daten dienen damit den Werbetreibenden und ihren Agenturen zur Planung und Kontrolle ihrer Investitionen in die TV-Werbung.

Die Fernsehzuschauerforschung nimmt innerhalb der Panelforschung in mehrfacher Hinsicht eine Sonderrolle ein:

Dies betrifft zunächst ihre Organisation und Finanzierung. Üblicherweise werden Panels von den Panelinstituten aufgebaut und betrieben. Die Daten und daraus folgende Analysen werden dann an die sich dafür interessierenden Hersteller verkauft. Sie bleiben jedoch Eigentum des betreibenden Instituts.

Dagegen wird die Fernsehzuschauerforschung in Deutschland seit ihrem Beginn im Jahre 1963 (nicht zufällig gleichzeitig mit dem Start des Sendebetriebs des ZDF; zuvor war mit nur einem Sender, der ARD, keine Konkurrenzsituation gegeben) im Auftrag der Sender durchgeführt. Die Daten sind Eigentum der "Arbeitsgemeinschaft Fernsehforschung" (AGF), die von den Fernsehsendern getragen wird. Die Durchführung der Fernsehforschung wird dagegen einem Institut übertragen, das auch Eigentümer des Panels ist und methodisch die letzte Verantwortung für die Erhebung trägt. Von 1963 bis 1974 war dies das Institut Infratam in Wetzlar, von 1975 bis 1984 hatte die Firma teleskopie in Bonn-Bad Godesberg den Auftrag inne, seit 1985 ist die GfK Fernsehforschung in Nürnberg mit dieser Aufgabe betraut. Etwas vereinfacht läßt sich sagen, daß die GfK-Fernsehforschung Herr des Verfahrens und die AGF Herr der Daten ist.

Eine zweite Besonderheit der Fernsehforschung folgt aus der oben erwähnten Verwendung der Daten als Leistungsnachweis für die Fernsehwerbung. Dies führt dazu, daß ihre Ergebnisse direkt die Verkäuflichkeit und damit indirekt auch die Preise der von den Sendern angebotenen Werbezeiten beeinflussen.

Drittens entfällt eine wichtige Möglichkeit der Kunden, die Ergebnisse der Fernsehforschung zu kontrollieren, die im Handels- und Verbraucherpanel besteht.

Dort können die eigenen Absätze mit den im Panel registrierten Mengen verglichen werden (Coverageberechnung).

Der Zusammenschluß der Auftraggeber und rigorose Kontrollen führen viertens dazu, daß das Panel der AGF / GfK die einzige allgemein anerkannte Quelle für Fernsehforschungszahlen in Deutschland ist, deren Daten dadurch "Währungscharakter" haben.

Schließlich und fünftens findet die Erhebung in der Fernsehforschung seit ihrem Beginn auf technischem Wege statt. Von 1963 bis 1974 wurde das auf dem Gerät eingeschaltete Programm auf mechanischem Weg erfaßt, seit 1975 erfolgt die elektronische Erfassung und Übermittlung personenbezogener Daten. Seitdem wurde das Erhebungsverfahren laufend verbessert, um den gestiegenen Anforderungen (Nutzung des TV-Geräts auch für PC und Video sowie eine deutlich erweiterte Programmvielfalt mit unterschiedlichen Empfangsmöglichkeiten über Antenne, Kabel und Satellitenschüssel) gerecht zu werden.

Das Fernsehforschungssystem ist in einem raschen Wandel begriffen. Im folgenden wird daher das System dargestellt, wie es Anfang 1998 bestand.

2.6.2 Methode der Fernsehzuschauerforschung in Deutschland

2.6.2.1 Die Grundgesamtheit

Die Grundgesamtheit der Fernsehzuschauerforschung in Deutschland wird gebildet von den privaten deutschen Haushalten, die mindestens ein Fernsehgerät besitzen. Damit sind von der Erfassung u.a. ausgeschlossen:

- Das Zuschauerverhalten der ausländischen Bevölkerung. Dies wird sich bereits in 1998 ändern, da derzeit eine zusätzliche Stichprobe von ausländischen Haushalten aufgebaut wird.
- Das Zuschauerverhalten in den institutionellen Haushalten wie Krankenhäuser, Bundeswehr, Haftanstalten, Altersheimen, etc.

- Das Zuschauerverhalten in Hotels, Ferienwohnungen, Ferienhäusern, etc.

Die Beschreibung der Grundgesamtheit im Fernsehzuschauerpanel richtet sich nach der jeweils aktuellen Media Analyse oder kurz: MA, der jährlich als Gemeinschaftsstudie durchgeführten bundesdeutschen Werbeträgeranalyse.

2.6.2.2 Die Stichprobe und die Hochrechnung

Die Stichprobe des Fernsehzuschauerpanels ist letztlich eine Personenstichprobe (die wesentlichen Zahlen werden auf Personenebene ermittelt und ausgewiesen), angeworben werden jedoch immer ganze Haushalte. Die Stichprobe besteht derzeit aus etwa 12.000 Personen, die in etwas mehr als 5.000 Haushalten leben.

Bei der Anwerbung und Steuerung des Panels werden folgende Klassen von Merkmalen berücksichtigt:

- Soziodemographie: Haushaltsgröße und ob Kinder unter 14 Jahren vorhanden sind (1, 2, 3, 4, 5 und mehr Personen ohne Kinder, 2, 3, 4, 5 und mehr Personen mit Kinder) sowie Alter (bis 29 Jahre, 30 bis 49 Jahre, 50 Jahre und älter) und Bildung (Volksschule ohne Lehre, Volksschule mit Lehre, weiterführende Schulen) des Haushaltsvorstands. Wer Haushaltsvorstand ist, wird aufgrund der Angaben des Befragten festgelegt bzw. danach, wer Haupteinkommensbezieher ist. Damit ergeben sich bereits nach der Soziodemographie 81 Hochrechnungszellen, die die Grundlage der Hochrechnung bilden.

- Regionale Gesichtspunkte wie Bundesland, Regierungsbezirk, Gemeindegrößenklasse und Wohnumfeld.

- Empfangsmöglichkeiten für Programme, wobei je nach Zahl der zu empfangenden Sender unterschieden wird zwischen "terrestrisch", "Kabel" oder "Satellit".

Die Stichprobe ist regional disproportional besetzt, damit auch kleine Sendegebiete eine für einen separaten Ausweis ausreichende Stichprobe haben. Ansonsten ist das Panel proportional besetzt. Darüber hinaus wird eine Vielzahl von Variablen, die bei der Erstbefragung der Haushalte anfielen und für die entsprechende Vergleichswerte aus der MA vorliegen, laufend kontrolliert, indem die Paneldaten mit denen der MA verglichen werden.

Die Hochrechnung erfolgt täglich, um technisch begründete Datenausfälle berücksichtigen zu können. Dabei wird ein komplexes Verfahren angewendet, dessen detaillierte Darstellung den Rahmen dieses Buches sprengen würde. Wichtig ist jedoch, daß nicht jede Zelle für sich betrachtet wird (dadurch würden die Gewichte bei Datenausfällen zu instabil), sondern jeweils die Randsummen für ein simultanes Gewichtungsverfahren herangezogen werden.

2.6.2.3 Die Erhebung der TV-Nutzungsdaten

Die Erhebung der TV-Nutzungsdaten geschieht durch das sogenannte GfK-Meter. Hierbei handelt es sich um ein elektronisches Gerät, das direkt oder indirekt (z.B. über den Videorecorder) mit dem Fernsehgerät verbunden wird (vgl. Abbildung 2.5). Jedes stationär betriebene TV-Gerät der teilnehmenden Panelhaushalte wird mit einem GfK-Meter ausgestattet.

Abbildung 2.5: Das GfK-Meter zur Erfassung des TV-Zuschauerverhaltens

- welcher Sender eingeschaltet ist. Dies geschieht durch die Kanalerkennung, die möglich ist, weil das Gerät mit zwei eigenen Tunern ausgestattet ist. Zusätzlich wird eine Kennung ähnlich dem VPS-Signal erfaßt, die eine Identifikation von bisher nicht bekannten Sendern ermöglicht.

- Aufzeichnung und Wiedergabe von Fernsehsendungen sowie den Durchschleifbetrieb durch den Videorecorder, wobei bei der Wiedergabe aufgezeichneter Sendungen Datum, Uhrzeit und Kanal erkannt werden. Andere Kassetten werden als Fremdkassetten erkannt.

- Sonstige Nutzungen des TV-Geräts wie z.B. Videotext mit Seitenerkennung.

Die Erfassung der zuschauenden Person erfolgt durch Drücken der Personenanmeldetaste auf einer Fernbedienung. Jede Person des Haushalts erhält eine eigene Personenanmeldetaste (bis zu 7 Tasten sind vorgesehen). Dadurch wird es möglich, die Zuschauer einer Sendung nach ihren Soziodemographischen Merkmalen auszuwerten. Eine weitere Taste ist für Gäste vorgesehen. Die Nutzung des TV-Geräts durch Gäste wird derzeit jedoch nicht ausgewertet.

Die vom GfK-Meter sekundengenau aufgezeichneten und gespeicherten Daten (wann war welcher Sender eingeschalten und wer hat ferngesehen?) werden nachts über ein eingebautes Modem und Telefonleitung an die GfK übermittelt und dort ausgewertet. Bereits am nächsten Vormittag wird den Sendeanstalten ein Schnellbericht "TV-Quick" als vorläufiger Bericht über die Einschaltquoten der Sendungen des Vortags übermittelt. Die TV-Zuschauerforschung erweist sich hiermit als die weitaus schnellste Form der Panelforschung überhaupt.

2.6.3 Wichtige Fakts

Die wichtigsten Fakts der Fernsehforschung sollen anhand eines fiktiven und wegen der Überschaubarkeit stark vereinfachten Beispiels erklärt werden. Es wird eine Hochrechnungszelle betrachtet, deren Stichprobe aus 10 Haushalten mit je 3

Personen besteht. Selbstverständlich werden die betreffenden Fakts hochgerechnet ausgewiesen. In der Darstellung der Fakts wird jedoch auf eine Hochrechnung verzichtet, weil so die wesentlichen Zusammenhänge leichter verständlich sind.

In dem Beispiel werden zwei Sender A und B betrachtet, die gleichzeitig eine Sendung von 100 Minuten Dauer ausgestrahlt haben. Für dieses Beispiel wird weiter angenommen, daß nur diese beiden Sender existieren. Dabei soll sich die in Tabelle 2.2 dargestellte Situation ergeben haben:

Tabelle 2.2: Fiktives Zuschauerverhalten zweier Haushalte

Haushalt	Person	Sehdauer Sender A	Sehdauer Sender B
1	1	30	70
	2	20	0
2	1	50	50
	2	0	30
	3	100	0
Sehdauer Personen		200	150
Sehdauer Haushalte		130	120

Die Personen im Haushalt haben die Sendungen demnach zumindest teilweise parallel gesehen.

Reichweite, Durchschnittliche Reichweite, Einschaltquote und Sehbeteiligung: Die *absolute Reichweite* (oder auch die *Ratings*) drückt die gesamte Nutzung von TV insgesamt, eines Senders oder einer Sendung aus. Die gesamte personengebundene Nutzung des Senders A beträgt im Beispiel 200 Personenminuten, die entsprechende haushaltsbezogene Nutzung beträgt 130 Haushaltsminuten. Die *relative Personenreichweite* oder auch *Durchschnittsreichweite* ergibt sich, wenn diese tatsächliche Nutzung auf die gesamte, theoretisch mögliche Nutzung bezogen wird. Sie wird in Prozent angegeben und drückt aus, welcher Teil der maximal möglichen Nutzung auch tatsächlich genutzt wurde. Entsprechend ergibt sich auch die *relative Haushaltsreichweite*. Reichweiten auf Personenebene heißen auch *Sehbeteiligung*, Reichweiten auf Haushaltsebene auch *Einschaltquote*.

Im obigen Beispiel errechnet sich die relative Personenreichweite für den Sender A wie folgt:

Die mögliche Nutzung des Senders A beträgt 10 Haushalte mal 3 Personen mal 100 Minuten oder 3000 Personenminuten. Die tatsächliche Nutzung beträgt dagegen 200 Personenminuten. Danach errechnet sich eine relative Personenreichweite von 6,7 % Die Haushaltsreichweite errechnet sich dagegen aus dem Gesamtwert von 1000 Haushaltsminuten (10 Haushalte mal 100 Minuten) und einer tatsächlichen Haushaltsnutzung von 130 Minuten zu 13 %.

Wird die relative Reichweite mit der Basis (Zahl der Personen bzw. Haushalte) multipliziert, so ergibt sich die *absolute Reichweite*, die ausdrückt, wieviele Haushalte das entsprechende TV-Angebot im Durchschnitt gleichzeitig genutzt haben.

Die *Nettoreichweite* ergibt sich aus der bisher dargestellten (Brutto-) Reichweite, indem die Personen aus der Berechnung der Nutzung des TV-Angebots ausgeschlossen werden, die es weniger als eine Minute zusammenhängend gesehen haben. Dadurch werden diejenigen nicht einbezogen, die nur sehr kurzfristig (z.B. beim "Zappen", d.h. beim schnellen Durchwechseln der Kanäle) den entsprechenden Sender gesehen haben. Auch die Nettoreichweite kann durch Multiplikation mit der zugrundeliegenden Basis als Absolutzahl ausgedrückt werden.

Durchschnittliche Sehdauer in Minuten: Die durchschnittliche Sehdauer in Minuten drückt aus, wie lange eine Person bzw. ein Haushalt der Grundgesamtheit durchschnittlich ein TV-Angebot nutzt. Im Beispiel beträgt die durchschnittliche personenbezogene Sehdauer für Sender A 200 Minuten / (10 Haushalte × 3 Personen) = 6,7 Minuten. Auch diese Zahl kann personenbezogen und haushaltsbezogen ausgewiesen werden.

Marktanteil: Der Marktanteil eines Senders ist ein wichtiger Indikator für seine relative Stärke im Konkurrenzumfeld. Er errechnet sich als der Anteil an der personenbezogenen Fernsehnutzung eines Zeitintervalls. Weil dieser auf die gesamte Fernsehnutzung in dem Zeitintervall bezogen ist, ist er unabhängig von der absoluten Fernsehdauer. Eine saisonal bedingte niedrigere Nutzung eines Senders im Sommer kann daher durchaus mit höheren Marktanteilen einhergehen, wenn die Gesamtnutzung noch stärker zurückgeht als die Nutzung des betrachteten Senders. Im Beispiel beträgt der Marktanteil des Senders A 200 Personenminuten / 350 Personenminuten = 57,1 %.

Tausendkontaktpreis (TKP): Dieses Maß ist ein wichtiger Indikator für die Preiswürdigkeit eines Werbespots. Zur Berechnung wird der Tarifpreis (ohne Berücksichtigung von Rabatten etc.) eines 30-Sekunden-Werbefilms in Beziehung gesetzt zur absoluten Zahl der Zuschauer in Tausend. Ein TKP von DM 7,00 sagt aus, daß ein Werbungtreibender, der keine Rabatte erhält, DM 7,00 investieren muß, um mit einem 30-Sekundenspot 1000 Personen zu erreichen. Häufig wird zur Beurteilung nicht die gesamte Zuschauerzahl sondern die Zuschauerzahl in einer vorher definierten Zielgruppe (z.B. Kinder) zur Beurteilung herangezogen.

2.6.4 Wichtige Segmente

Grundsätzlich können bei der Zielgruppendefinition alle Merkmale herangezogen werden, die bei der Anwerbung der Haushalte erhoben werden, wie z.B. Frauen von 25 bis 45 Jahren, die im Besitz einer Kreditkarte sind. Mit Hilfe des EDV-Programms PV#TV, das Rohdaten verarbeitet, ist eine fast beliebige Kombination aller vorhandener Abfragen der Haushalte möglich. Dennoch gibt es Segmente, die vor allem in der Standardberichterstattung häufig verwendet werden.

- Zuschauer gesamt: Alle fernsehenden Personen ab 3 Jahren in Fernsehhaushalten ohne Gäste.

- Erwachsene ab 14 Jahren: Alle fernsehenden Personen in Fernsehhaushalten ab 14 Jahre ohne Gäste.

- Kinder: Alle fernsehenden Personen in Fernsehhaushalten von 3 bis 13 Jahren ohne Gäste.

- Satellitenhaushalt: Haushalte mit Besitz eines individuellen Satellitenreceivers.

- Kabelhaushalt: Empfang von mindestens fünf Satellitenprogrammen und nicht Satellitenhaushalt. Als Satellitenprogramme werden gezählt: CNN, 3 SAT, DSF, Eurosport, Kabel 1, MTV-Europe, n-tv, Premiere, PRO SIEBEN, RTL, RTL 2, SAT. 1, Super Channel, VIVA und VOX.

- Terrestrischer Haushalt: Alle Haushalte, die nicht Kabelhaushalt oder Satellitenhaushalt sind.

2.7 Mikrotestmärkte

2.7.1 Mikrotestmärkte in Deutschland

Mikrotestmärkte dienen nicht der kontinuierlichen Marktbeobachtung. Sie sind vielmehr ein hervorragendes System zum Testen verschiedener Aspekte des Marketingmix. Sie wurden in Deutschland in den 70er Jahren durch die GfK eingeführt, die das in Frankreich entwickelte ERIM-System in Deutschland in Lizenz übernommen hat.

Heute gibt es in Deutschland zwei Mikrotestmärkte, die anschließend kurz beschrieben werden.

2.7.2 GfK-BehaviorScan

Das Instrument wurde 1985 in Deutschland von der GfK eingeführt. Als Testort wurde damals Haßloch in der Pfalz ausersehen. Für die Gemeinde sprachen eine ganze Reihe von wichtigen Vorteilen:

- Haßloch hat die richtige Größe. Es ist mit 8500 Haushalten groß genug, so daß ein soziodemographisch repräsentatives Panel von 3000 Haushalten aufgebaut werden kann. Dies wird auch dadurch unterstützt, daß aufgrund der Nähe der Firma BASF (Ludwigshafen ist nur wenige Kilometer entfernt) trotz des ländlichen Charakters der Gemeinde viele in der Industrie tätige Menschen dort wohnen, und daß die Kaufkraft auf der Höhe des Durchschnittswerts von Westdeutschland liegt. Auf der anderen Seite ist Haßloch auch klein genug, daß mit allen wichtigen Einzelhändlern Verträge geschlossen werden können, die eine haushaltsbezogene Erfassung der Einkäufe der Testhaushalte ermöglichen. Etwa 95% des in Haßloch getätigten Umsatzes an Lebensmitteln und Drogeriewaren findet denn auch in Testgeschäften statt. Eine Ausnahme bildet lediglich der am Ort befindliche Aldi, der nicht als Testgeschäft zur Verfügung steht, sowie mehrere kleinere Geschäfte, deren Einbeziehung nicht lohnt.

- Haßloch hat alle wichtigen Einkaufsstätten am Ort (u.a. ein SB-Warenhaus mit 20.000 qm Verkaufsfläche, kleine Nachbarschaftsgeschäfte und Drogeriemärkte), so daß ein Großteil der Einkäufe der Haßlocher Bevölkerung am Ort abgewickelt wird.

- Schließlich liegt Haßloch im Gebiet des Kabelpilotprojekts Ludwigshafen / Vorderpfalz, so daß vom Start weg eine hohe Verkabelungsdichte gewährleistet war, die wiederum Voraussetzung für die Anwendung der split-cable-Technologie ist.

2000 der 3000 Testhaushalte wurden mit einem Gerät ausgestattet (der sogenannten *GfK-Box*), das die Überblendung von Werbespots durch Testwerbung erlaubt. Die dazu notwendige Technik wurde von IRI übernommen und für den deutschen Markt modifiziert.

Die Erfassung der Einkäufe der Testhaushalte erfolgt über die Scannerkassen der kooperierenden Handelsunternehmen, indem eine Haushaltsnummer zusammen mit dem Einkauf erfaßt wird. Über die Scannerkasse werden auch die Abverkäufe der Geschäfte erfaßt. Das gesamte Testsystem ist in Abbildung 2.6 nochmals zusammengefaßt.

GfK BehaviorScan kann u.a. für folgende Zwecke eingesetzt werden:

- Test der Verbraucherakzeptanz für neue oder veränderte Produkte, wobei mit TV- Werbung, Printwerbung (über zur Verfügung gestellte Zeitschriften), allen Instoremaßnahmen und der Probenverteilung ein fast komplettes Marketingmix zur Verfügung steht. Die Ergebnisse aus Haßloch dienen dann auch dazu, den realisierbaren nationalen Abverkauf zu prognostizieren. Hierbei kann das Marketingmix auch bezüglich der Instoremaßnahmen, der Distribution und des Werbedrucks variiert werden.

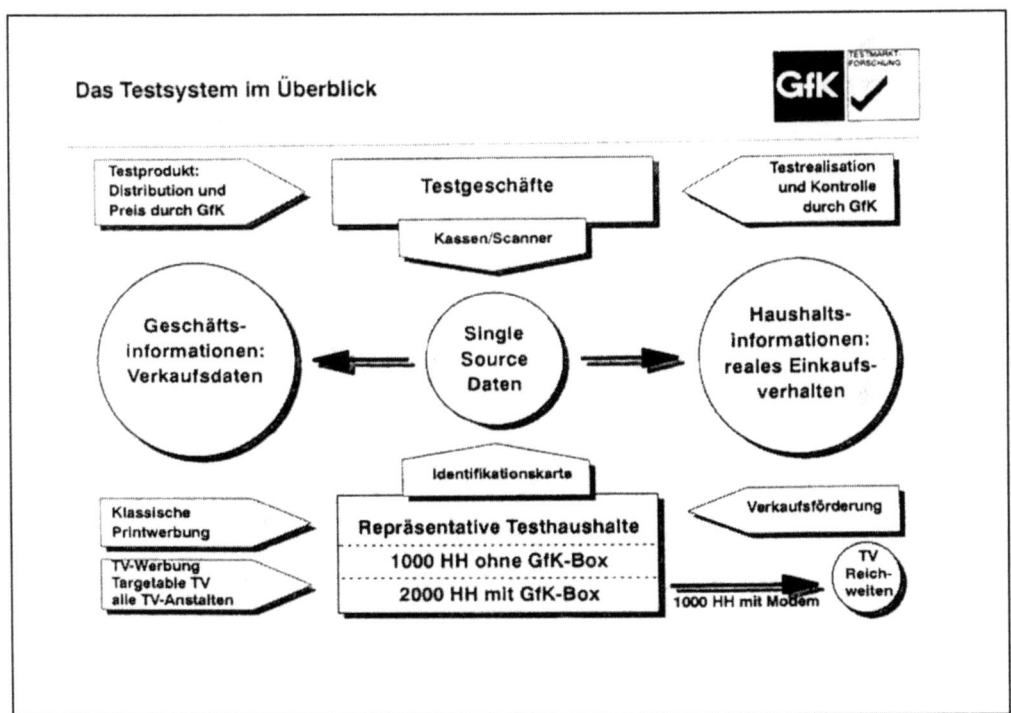

Abbildung 2.6: Das Testsystem GfK-BehaviorScan

- Test von Fernsehwerbung, wobei verschiedene Werbespots oder auch verschiedene Werbedruckalternativen abgetestet werden können. Hierzu werden die Einkäufe in einer Vorperiode genutzt, Testgruppe und Kontrollgruppe so zu bilden, daß das Einkaufsverhalten bezüglich der getesteten Marke und der Warengruppe gleich ist.

- Test von Instoreaktivitäten, wobei ihre Wirksamkeit durch den Vergleich der erreichten Abverkaufszahlen der Geschäfte bzw. Einkaufszahlen der Haushalte in den aktionierten Wochen mit den nicht aktionierten Wochen ermittelt wird.

- Test von Printwerbung (über die verteilten Zeitschriften) und Verteilung von Produktmustern an Haushalte, wobei wie bei der TV-Werbung Test- und Kontrollgruppe gebildet werden.

2.7.3 Telerim

Telerim ist ebenfalls ein elektronischer Testmarkt, der von der Firma A.C. Nielsen angeboten wird. Installiert ist dieser Testmarkt in den Städten Bad Kreuznach und Buxtehude. Bad Kreuznach ist mit 44.000 Einwohnern und 18.000 Haushalten etwas größer als Buxtehude, wo 33.000 Einwohner in 16.000 Haushalten leben. Die Testgeschäfte wurden so ausgewählt, daß sie in etwa 90% des Haushaltsbedarfs an Bedarfsgütern abdecken, unterschiedlichen Geschäftstypen angehören und mit elektronischen Kassensystemen ausgestattet sind. Eine Einbeziehung von Kiosken, Tankstellen oder anderen produktspezifischen Absatzkanälen ist jederzeit möglich.

Testhaushalte gibt es in beiden Städten jeweils 1.000, wobei darauf geachtet wurde, daß die Testhaushalte ca. 80% ihres gesamten Bedarfs über die Testgeschäfte abdecken, daß sie als Gruppe repräsentativ für das Bundesgebiet sind und ihren Wohnsitz im Testgebiet haben. Die unterschiedlichen Kommunikationsmaßnahmen, die im Rahmen des Telerim Testmarkts überprüft werden können, sind in Tabelle 2.3 zusammengefaßt.

Tabelle 2.3: Überprüfbare Kommunikationsmöglichkeiten bei Telerim

TV-Werbung	ZDF / SAT.1
Kino-Werbung	in den Teststädten
Print-Werbung	Publikumszeitschriften des Bauer-Verlags Tageszeitungen Wochenblätter
POS und sonstige Aktivitäten	Plakat Insertion Probenverteilung Display Werbedamen etc.

An Verkaufsförderungsmaßnahmen stehen unter anderen folgende Alternativen zur Auswahl:

- Verkostungen
- Displays mit und ohne Price-off
- Handzettelwerbung
- Handelsanzeigen im Bad Kreuznacher Wochenspiegel
- Sampling etc.

Die Wirkung der unterschiedlichen Testinstrumente bzw. -aktivitäten kann entweder in einer Teststadt überprüft werden (Vorher-, Nachher-Messung) oder es kann ein Vergleich zwischen Bad Kreuznach und Buxtehude vorgenommen werden. Dieser Vergleich bezieht sich einerseits auf die 1.000 Testhaushalte, kann darüber hinaus aber auch alle Einkäufe in den Testgeschäften beinhalten. Der Vergleich der gesamten Einkäufe in den Testgeschäften ist sinnvoll, da die Kommunikationsmaßnahmen (TV und Print) nicht nur auf die 1.000 Testhaushalte, sondern auf alle Einwohner der Städte einwirken.

Die wesentlichen Fakts, die im Rahmen eines Telerim-Testmarkts erhoben werden, können in die Haushalts- und in die Handelsdaten unterteilt werden (vgl. Tabelle 2.4).

Tabelle 2.4: Haushalts- und Handelsdaten im Telerim-Testmarkt

Haushaltsdaten	Erstkäufer und Wiederkäufer
	Einkaufsintensität, Einkaufsmenge, Einkaufswert
	Produktakzeptanz
	Käuferstruktur, Zielgruppe
Handelsdaten	Abverkäufe Menge und Wert
	Normal- und Aktionspreis
	Sonderplazierungen, Handzettel etc.

Typische Fragestellungen, die im Rahmen eines Telerim-Testmarkts beantwortet werden können, sind beispielsweise:

- Wie wirkt die neue TV- bzw. Printkampagne?
- Welcher Werbedruck führt zu welchen Abverkaufszahlen?
- Wie tragfähig ist die Neuproduktentwicklung
- Welche Auswirkungen ergeben sich durch eine line extensions?
- Welche Erfolge lassen sich mit unterschiedlichen Verkaufsförderungsmaßnahmen erzielen?

2.8 Spezialpanels

Neben den oben aufgeführten Handels- und Verbraucherpanel gibt es eine Vielzahl weiterer Bereiche, in denen Paneldaten eine wesentliche Grundlage der Marktforschung darstellen. Im folgenden werden zwei Panels kurz vorgestellt, wobei die Informationen den Prospekten der Panelanbieter entnommen sind. Weitere Informationen können jederzeit bei den Instituten angefordert werden.

2.8.1 MM-Industrie-Panel

2.8.1.1 Beschreibung des Panels

Das MM-Industrie-Panel wird von der Vogel Verlag und Druck GmbH & Co.KG in Würzburg durchgeführt. Die Grundgesamtheit dieses Panels bilden die Bezieher der Fachzeitschrift „MM Maschinenmarkt, Das Industriemagazin" und somit über 80.000 bundesdeutsche Unternehmen des Verarbeitenden Gewerbes. Die Stichprobe besteht aus rund 320 Betrieben, die bezüglich der Kriterien Branche, Betriebsgröße und Region repräsentativ für die Grundgesamtheit ist. Durch die Anlage der Stichprobe kann auch ein separater Ausweis für Groß- bzw. für Mittel- und Kleinunternehmen erfolgen. Gefragt werden durchweg hochrangige Entscheidungsträger, wobei allein 70 % der Stichprobe aus Inhabern und Geschäftsführern besteht. Die Erhebung erfolgt einmal pro Jahr in Form einer schriftlichen Omnibus-Umfrage.

Der Fragebogen des MM-Industrie-Panels unterteilt sich in drei Bereiche:

- Allgemeiner Teil:
  Im allgemeinen Teil werden aktuelle und allgemein interessierende Fragestellungen berücksichtigt. Hierzu gehören beispielsweise die Einschätzung der konjunkturellen Lage, die geplanten Auslandsaktivitäten oder die Investitionspläne in den nächsten Monaten. Weiterhin wird für eine Vielzahl von Produkten der aktuelle Produkteinsatz sowie die geplanten Anschaffungen erfragt.

- Schwerpunktthema:
  Pro Erhebungsperiode wird ein Produktfeld besonders intensiv untersucht. Die Auswahl sowie die Frageformulierungen werden vom Vogel Verlag vorgenommen, der anschließend die Studienergebnisse zum Verkauf anbietet.

- Firmenindividueller Teil:
  Wie bereits angesprochen, handelt es sich bei diesem Panel um eine Omnibuserhebung, das bedeutet, es besteht für Firmen die Möglichkeit, individuelle Fragestellungen in die Erhebung einzuschalten. Die hierbei erzielten Ergebnisse stehen natürlich dem Auftraggeber exklusiv zur Verfügung. Typische Fragestellungen sind zum Beispiel die Erfassung des Images, die Attraktivität des eigenen im Vergleich zum Konkurrenzangebot oder zunächst Fragen über den Bekanntheitsgrad der verschiedenen Anbieter.

2.8.1.2. Ergebnisbeispiel

Eine typische Frage im Rahmen des MM-Industrie-Panels ist die nach der Einschätzung des Investitionsvolumens der Industrie für das nächste Jahr. Die 1996 erhobenen Werte für 1997 sind in Tabelle 2.5 dargestellt.

Tabelle 2.5: Investitionsvolumen der Industrie 1997 (Angaben in Prozent)

	Das Investitionsvolumen wird sich 1997 gegenüber dem Vorjahr		
	erhöhen	nicht verändern	verringern
Grundstücke/Gebäude	16	38	32
Maschinen und masch. Anlagen	24	48	24
Fuhrpark	9	57	29
Telekommunikation, Hard- und Software	28	46	22
Andere Sachanlagen	9	58	25
Finanzanlagen	7	50	33

Der große Vorteil an Paneldaten liegt, wie mehrfach aufgezeigt, in der Möglichkeit zur Längsschnittsanalyse. In Tabelle 2.6 wurde solch eine Betrachtung bezüglich der typischen Probleme der Unternehmen aus Unternehmenssicht durchgeführt.

Die Ergebnisse zeigen, daß 1997 zwar immer noch 52 % der Probanden angaben, daß die Unternehmenssteuern zu hoch sind, der Zeitvergleich belegt aber, daß dieser Prozentsatz rückläufig ist. Weiterhin fällt auf, daß der früher häufig beklagte Mangel an Fachkräften - 1990 lag dieser Wert bei 74 % - 1997 nur noch von knapp 30 % der Unternehmen angemahnt wird. Die oben aufgeführten Angaben geben ein Stimmungsbild der Industrieunternehmen wieder, aus dem sich in vielen Bereichen Anhaltspunkte für das Investitionsverhalten und damit die Kaufbereitschaft für Investitionsgüter gewinnen läßt. Werden die Angaben aus dem Panel mit dem tatsächlichen Verhalten (Investitionen, Arbeitskräfte Ab- bzw. Aufbau usw.) der Unternehmen korreliert, können die erfaßten Daten auch für Prognosen verwendet werden.

Tabelle 2.6: Die Probleme der Unternehmen aus Unternehmenssicht (Angaben in Prozent)

	1990	1993	1995	1997
Hohe Unternehmenssteuern	45	61	58	52
Hohe Personal- und Personalzusatzkosten	71	74	76	77
Hohe Energiekosten	25	23	34	31
Hohe Kapitalbeschaffungskosten		41	35	37
Umweltschutzauflagen		31	35	23
Starker Konkurrenzdruck		44	58	59
Zu hohes Auftragsvolumen	18	11	6	9
Zu niedriges Auftragsvolumen	7	20	23	24
Stark schwankendes Auftragsvolumen		47	62	67
Exportbeschränkungen	6	6	4	6
Forderungsausfälle		14	23	25
Zu viele behördliche Vorschriften	35	29	40	41
Kurze Betriebsnutzungszeiten/Maschinen-laufzeit		16	20	22
Ungünstige Arbeitszeitregelung		10	13	11
Andere arbeitsrechtliche Bestimmungen		8	11	14
Mangel an Fachkräften	74	44	37	29
Hohe Fluktuation der Belegschaft	6	4	2	2
Geringe Motivation der Mitarbeiter		13	16	15

Ein mögliches Ergebnis einer produktbezogenen Fragestellung ist in Tabelle 2.7 (prozentuale Angaben) wiedergegeben.

Tabelle 2.7: Produkteinsatz und Anschaffungsabsichten bezüglich Gabelstablern (alle Angaben in Prozent)

	Produkt im Einsatz	Anschaffung geplant	längerfristiger Bedarf	Größe der Ziel-gruppe (netto)
Zielgruppe	76	24	18	100
Alle Betriebe	64	20	15	84
Großbetriebe	90	34	5	96
Kleinbetriebe	60	18	16	82

Die Zielgruppe in den beiden oben aufgeführten Tabellen setzt sich aus den Unternehmen zusammen, die entweder das Produkt im Einsatz haben, die Anschaffung planen oder einen längerfristigen Bedarf signalisieren, wobei Mehrfachnennungen erlaubt sind. Die Analyse zeigt, daß rund 64 % aller befragten Unternehmen Gabelstapler einsetzen. Zählt man die Unternehmen dazu, die eine Anschaffung planen sowie die, die sich einen längerfristigen Kauf vorstellen können ergibt sich eine Netto-Zielgruppe von rund 69.400 Unternehmen, wobei sich darunter 10.400 Groß- und 59.000 Kleinbetriebe befinden[3]. Der Anteil der Zielgruppe an der Gesamtzahl der Unternehmen liegt bei den Großunternehmen mit 96 % deutlich über dem Anteil bei den Kleinunternehmen (82 %).

Tabelle 2.8: Das Image von Unternehmen A

Produkte von A im Einsatz	5 trifft voll und ganz zu	4	3	2	1 trifft überhaupt nicht zu
Umfangreiches Produktprogr.	52 %	37 %	7 %	1 %	
Pünktliche Lieferung	22 %	30 %	30 %	3 %	5 %
Günstige Zahlungsbedingungen	24 %	39 %	25 %	3 %	
Hohe Sicherheit der Produkte	36 %	45 %	10 %	3 %	
Umfassende Garantien	16 %	35 %	28 %	2 %	
Zielgruppe von Produkt AA	5 trifft voll und ganz zu	4	3	2	1 trifft überhaupt nicht zu
Umfangreiches Produktprogr.	41 %	29 %	11 %	1 %	
Pünktliche Lieferung	14 %	24 %	24 %	2 %	3 %
Günstige Zahlungsbedingungen	25 %	33 %	18 %	3 %	
Hohe Sicherheit der Produkte	32 %	31 %	11 %	3 %	
Umfassende Garantien	16 %	25 %	2 %	2 %	

---

[3] Ermittelt aus den absoluten Daten, die hier nicht abgedruckt sind.

Weitere wesentliche Erkenntnisse für ein Unternehmen ergeben sich durch die Gegenüberstellung des eigenen Images und den Hauptkriterien bei Investitionsentscheidungen auf der Kundenseite. In Tabelle 2.8 ist ein Ergebnisausschnitt aus der Imageanalyse für das Unternehmen A dargestellt, wobei zwischen den Nutzern von Produkten des Anbieters A und der Zielgruppe insgesamt unterschieden wird.

Ein Vergleich der Angaben in Tabelle 2.8 macht deutlich, daß das Image von Unternehmen A bei den Nichtnutzern teilweise deutlich von dem von den Nutzern abweicht. Beispielsweise bezeichnen 52 % der Nutzer das Produktionsprogramm als sehr umfangreich, wohingegen die Gesamtzielgruppe nur zu 41 % dieser Meinung ist. Ein ebenfalls abweichendes Ergebnis ergibt sich bei dem Kriterium „pünktliche Lieferung". Unternehmen, die Produkte von Unternehmen A nutzen, bewerteten dieses Kriterium zu 52 % entweder mit 5 oder 4, wohingegen der Rest der Zielgruppe (Anschaffung geplant oder längerfristiger Bedarf) mit ihrem Urteil deutlich ungünstiger war, da sich für die Gesamtzielgruppe nur ein Anteil von 38 % für die positive Bewertung ergab.

Tabelle 2.9: Die Anschaffungskriterien der Zielgruppe

Zielgruppe von Produkt AA	5 ganz besonders wichtig	4	3	2	1 völlig unwichtig
Umfangreiches Produktprogr.	25 %	27 %	15 %	1 %	2%
Pünktliche Lieferung	37 %	29 %	9 %	4 %	3 %
Günstige Zahlungsbedingungen	11 %	28 %	17 %	3 %	0 %
Hohe Sicherheit der Produkte	29 %	33 %	6 %	2 %	3 %
Umfassende Garantien	15 %	22 %	20 %	3 %	5 %

Die Frage, inwieweit ein bestimmtes Image für ein Unternehmen einen Vorteil darstellt, kann man erst beantworten, wenn man die Anschaffungskriterien der

Zielgruppe kennt. In Tabelle 2.9 ist die Bedeutung der in Tabelle 2.8 aufgezeigten Imagedimensionen für die Kaufentscheidung der Zielgruppe wiedergegeben.

Vergleicht man die Angaben in Tabelle 2.9 mit denen im unteren Teil von Tabelle 2.8 wird offensichtlich, daß Unternehmen A in den Dimensionen „umfangreiches Produktprogramm" oder „günstige Zahlungsbedingungen" sehr positiv bewertet wird, daß diese Kriterien aber, bezogen auf die Kaufentscheidung, nicht an erster Stelle stehen. Hier findet man das Item „pünktliche Lieferung", daß von 66 % der Probanden als ganz besonders bzw. sehr wichtig bezeichnet wurde. Allerdings bringen nur 38 % der Befragten Unternehmen A mit dieser Eigenschaft in Verbindung. Hier muß das Unternehmen seine Leistungsfähigkeit verbessern, um konkurrenzfähig zu bleiben.

Im letzten Beispiel (Tabelle 2.10) wird die Informationsbeschaffung getrennt nach der Betriebsgröße aufgezeigt.

Tabelle 2.10: Informationsbeschaffung

Quelle	Ziel-gruppe	alle Betriebe	Groß-betriebe	Klein-betriebe
Fachbücher	9 %	11 %	13 %	11 %
Fachzeitschriften - Redaktion	89 %	87 %	85 %	89 %
Fachzeitschriften - Anzeigen	53 %	45 %	45 %	46 %
Fachmessen / -ausstellungen	49 %	58 %	58 %	58 %
Technische Universalmessen	53 %	55 %	55 %	56 %
Fachveranstaltungen / Seminare	33 %	47 %	40 %	56 %
Vertreterbesuche	25 %	41 %	46 %	39 %
Besuche bei Herstellern	25 %	23 %	20 %	27 %
Besuche bei Händlern	33 %	25 %	30 %	20 %
Unverlangt zugeschickte Prospekte	7 %	12 %	13 %	11 %
Extra angeforderte Prospekte	73 %	55 %	57 %	53 %
Gespräche mit Fachkollegen	43 %	31 %	31 %	31 %
Kontakte mit Hochschulen	47 %	21 %	20 %	24 %
Patentrecherchen	13 %	26 %	26 %	26 %
Datenbankrecherchen	17 %	9 %	5 %	13 %

2.8.2 Das Pharmapanel

Der Pharmamarkt in Deutschland ist einer der Märkte mit der höchsten Transparenz. Dies ist zum Großteil darauf zurückzuführen, daß im Rahmen des „DPM" eine Vollerhebung aller Einkäufe von Arzneimitteln der öffentlichen Apotheken beim vollsortierten Großhandel, sowie eine Panelerhebung bezüglich der Direkteinkäufe der öffentlichen Apotheken bei den Herstellern erfolgt. „DPM" heißt „Der Pharmazeutische Markt" und wird von der IMS GmbH, Institut für medizinische Statistik in Frankfurt a.M. erstellt und vermarktet. Der „DPM" umfaßt mehr als 50.000 Handelsformen von Arzneimitteln, wobei sowohl die Packungseinheiten als auch die Preise ausgewiesen werden.

Ein weiteres Angebot der IMS GmbH ist „Der Verschreibungsindex für Pharmazeutika" (VIP). Hierbei werden auf der Basis eines rund 3.000 Ärzte umfassenden Panels u. a. folgende Informationen zur Verfügung gestellt:

- Diagnose Profils:
  - ICD Code
  - Patientenstruktur (Alter, Geschlecht)
  - Arztstruktur (Facharztgruppe, Alter, Geschlecht)
  - Therapy (ATC/Produkt/Form)
  - Krankenkasse
  - Region, Gemeindegrößenklasse
  - akute / chronische Erkrankung

- Indikationsgruppen / Produkt Profile
  - ATC/Produkt/Form/Hersteller
  - Diagnose/ICD Code
  - Arztstruktur (Facharztgruppe, Alter, Geschlecht)
  - Patientenstruktur (Alter, Geschlecht)
  - Krankenkasse
  - Anwendungsform
  - Mitverschreibung

- Region, Gemeindegrößenklasse
- akute / chronische Erkrankung
- Aut-Idem

Als Facharztgruppen werden Praktiker, HNO Ärzte, Internisten, Neurologen, Pädiater, Orthopäden, Gynäkologen, Pulmologen, Dermatologen und Urologen unterschieden.

Das Angebot der IMS GmbH umfaßt noch eine Reihe weiterer Angebote, auf die an dieser Stelle aber nicht näher eingegangen werden soll. Vertiefende Informationen können bei der IMS GmbH in Frankfurt a.M bezogen werden.

Der zweite Anbieter von Paneldaten im Pharmabereich ist die I+G Gesundheitsforschung in Nürnberg. Die I+G Gesundheitsforschung ist ein Gemeinschaftsunternehmen der GfK AG in Nürnberg und der Infratest Burke AG in München, das Anfang 1998 als Zusammenschluß der Institute I+G Infratest, GfK Gesundheits- und Pharmamarkt-Forschung, sowie IEG Infratest Epidemiologie und Gesundheitsforschung gegründet wurde.

Die I+G bietet sowohl Paneldaten aus den Bereichen Verordnungs-, OTC-, SM- und Medicalprodukte, als auch Marktinformationen zur Dental- und Veterinärmedizin an. Darüber hinaus werden die Bereiche Diagnostika und Medizintechnik kontinuierlich analysiert.

Typische Fragestellungen, die mit Hilfe eines Pharmapanels untersucht werden können, sind u.a.:

- Wie groß sind die mittel- und langfristigen Marktpotentiale?
- Wie können die Zielgruppen beschrieben werden?
- Welcher Preis kann am Markt durchgesetzt werden?
- Wie ist die Einstellung der Kostenträger zu meinem Angebot?
- Was erwartet der Markt von der neuen Substanz?
- Welche Relevanz hat der von meinem Produkt offerierte Nutzen?

Aufgrund der zahlreichen internationalen Tochterunternehmen und Kooperationspartner, können viele dieser Fragen auch für Märkte außerhalb von Deutschland beantwortet werden.

2.8.3 Sonstige Panels

Die Darstellung aller existierender Panels in Deutschland würde den Umfang dieses Buches bei weitem sprengen. Stellvertretend sei hier nur noch auf das Landwirtschafts- und das Verpackungspanel, den Konjunkturtest des ifo Instituts für Wirtschaftsforschung, die unterschiedlichen Panels zur Wahlforschung sowie das Elite Panel hingewiesen. Im Rahmen des Elite Panels werden seit 1987 repräsentativ ausgewählte Entscheider aus Wirtschaft, Politik und Verwaltung zu aktuellen Themen befragt. Die rund 600 Führungskräfte stammen zu zwei Dritteln aus den Topetagen der deutschen Wirtschaft, das andere Drittel bilden hochrangige Politiker und Ministeriale.

Den besten Überblick über Institute, die Panelanalysen durchführen, bietet das BVM Handbuch der Marktforschungsunternehmen, das jährlich von der planung & analyse sowie dem Bundesverband Deutscher Markt- und Sozialforscher e.V. herausgegeben wird.

2.9 Internationale Panels

Die internationale Panelforschung unterscheidet sich von der nationalen Forschung dadurch, daß eine Vielzahl von Abstimmungsproblemen zu meistern sind. Ansonsten handelt es sich vereinfachend nur um eine Erweiterung der Segmente. Die beiden großen deutschen Panelinstitute, GfK AG in Nürnberg sowie A.C. Nielsen in Frankfurt bieten beide auch internationale Paneldaten an, wobei der Umfang sehr stark von der Warengruppe abhängig ist.

Die Probleme der internationalen Panelforschung lassen sich in vier große Bereiche unterteilen, wobei diese Probleme natürlich auch bei anderen Forschungsansätzen auftreten:

- sprachliche Unterschiede
- landestypische Unterschiede
- inhaltliche Unterschiede
- methodische Unterschiede.

Sprachliche Unterschiede

Aufgrund der Vielzahl unterschiedlicher Sprachen in Europa ist die Übersetzung eines Fragebogens für eine multinationale Studie in der Regel mit hohen Kosten verbunden. Um möglichst Fehler, die durch eine nicht exakte Übersetzung des Fragebogens hervorgerufen werden, zu vermeiden, wird in der Regel zunächst eine englische Version des Fragebogens vom studienführenden Institut erstellt. Anschließend wird diese Master-Version in den beteiligten Ländern in die jeweilige Landessprache übersetzt. Das federführende Institut läßt diese Fragebögen anschließend wieder ins Englische übersetzen. Ein Vergleich der „Nachübersetzung" mit der Master-Version soll mögliche Fehlinterpretationen oder Fehlübersetzungen aufzeigen.

Landestypische Unterschiede

Unter diesen Punkt fallen zum Beispiel die unterschiedlichen Infrastrukturen in den einzelnen Ländern. Hierdurch wird die Qualität postalischer oder telefonischer Interviews sehr stark beeinflußt. Zusätzlich ergeben sich Probleme bei der Festlegung der Stichproben, wenn die Basisdaten über die Struktur der zu untersuchenden Einheiten nicht oder nur eingeschränkt vorliegen.

Inhaltliche Unterschiede

Inhaltliche Unterschiede können sich bei allen vier Dimensionen einer Panelzahl, Artikel, Segment, Periode und Fakt, ergeben. Es muß somit eine gemeinsame inhaltliche Abgrenzung der Artikel vorgenommen werden, wobei die Schwierigkeit darin liegt, daß zwar die Begriffe häufig in mehreren Ländern auftreten, die Inhalte aber deutlich voneinander abweichen. Zum Ausweis gemeinsamer Berichtsperioden, muß der Erhebungsrhythmus in den beteiligten Ländern aufeinander abgestimmt werden. Zusätzlich muß gewährleistet werden, daß die Segmentdefinitionen untereinander kompatibel sind.

Methodische Unterschiede
Es wurde bereits aufgezeigt, daß durch einen Wechsel der Erhebungsmethode eine Verzerrung der Ergebnisse verursacht werden kann. Dieser Aspekt tritt insbesondere bei multinationalen Panelstudien auf, da die Art der Erhebung nicht kurzfristig geändert werden kann.

Trotz der aufgeführten Problembereiche existieren für verschiedene Warengruppen bereits umfangreiche Paneldaten für mehrere Länder.

2.10 Übungsaufgaben zu Kapitel 2

Aufgabe 2.1:
Worin liegt der Unterschied zwischen einem Food und einem Non Food Panel?

Aufgabe 2.2:
Welche Arten von Verbraucherpanels kann man unterscheiden?

Aufgabe 2.3:
Worin unterscheiden sich Scannerpanel und Handelspanel?

Aufgabe 2.4:
Welche Inhalte werden mit einem Anzeigenpanel erfaßt?

Aufgabe 2.5:
Was versteht man unter integrierten Panels?

Aufgabe 2.6:

Beim Vergleich eines Fernsehzuschauerpanels mit anderen Panels ergeben sich eine Reihe von deutlichen Unterschieden. Worin liegen diese Besonderheiten?

Aufgabe 2.7:

Im Rahmen des Fernsehzuschauerpanels werden unterschiedliche Fakts erfaßt. Um welche Werte handelt es sich hierbei?

Aufgabe 2.8:

Geographisch abgegrenzte Panels findet man u. a. im Rahmen der Testmarktforschung. Beschreiben Sie kurz den Aufbau des Testmarkts Telerim und geben Sie typische Fragestellungen an, die mit Hilfe dieses Tests beantwortet werden können.

Aufgabe 2.9:

Die Informationen, die im Rahmen von Panels im Investitionsgüterbereich erhoben werden, unterscheiden sich deutlich von denen im Konsum- und Gebrauchsgüterbereich. Warum gibt es diese Unterschiede und welche Fakts werden in Investitionsgüterpanels erfaßt?

Aufgabe 2.10:

Welche Besonderheiten sind im Rahmen internationaler Panels zu berücksichtigen?

3. Dimensionen einer Panelzahl

Bei genauer Betrachtung der unterschiedlichen Erhebungsarten - physische Bestandserhebung in Handelsunternehmen (Handelspanel) oder Kalendermethode (Verbraucherpanel) - kann die allgemeingültige Aussage getroffen werden, daß sich die zu analysierenden Warengruppen :

- aus den Artikeln dieser Warengruppe,
- die zu einem bestimmten Zeitpunkt oder über einen gewissen Zeitraum,
- an festgelegten Orten,
- mit bestimmten Informationen erhoben werden

zusammensetzen. Es wird daher *grundsätzlich* von einer 4-dimensionalen Panelzahl gesprochen, mit den Ausprägungen

- Artikel,
- Periode,
- Segment,
- Fakt.

Von Panel zu Panel unterscheiden sich diese Dimensionen (Ausprägungen) zum Teil sehr deutlich. Während die Artikel über sämtliche Panels eine gewisse Identität aufweisen, bestimmt der Auswertungsrhythmus der Panels die Periodizität. Der Ort der Erhebung (Handelspanel) oder des Einkaufs (Verbraucherpanel) bildet u. a. die Bestandteile der Segmente. Die Art der Information bestimmt die Ausprägung und Inhalte der unterschiedlichen Fakts.

3.1 Artikel

3.1.1 Definition einer Warengruppe

Die Bandbreite der in der Beobachtung befindlichen Warengruppen der Institute umfaßt nahezu das gesamte Spektrum der Gebrauchs- und Verbrauchsgüter-industrie. Bei Betrachtung dieser Artikelbreite ergibt sich eine erste Klassifikation nach dem Unterscheidungskriterium Gebrauchs- oder Verbrauchsgüter. Diese ist aber bei weitem nicht ausreichend, um zu einer kundenspezifischen Marktbeobachtung für dessen Artikel zu gelangen. Es müssen zunächst Gruppen von Artikeln gebildet werden, die gemeinsam in einer *Warengruppe* beobachtet werden sollen.

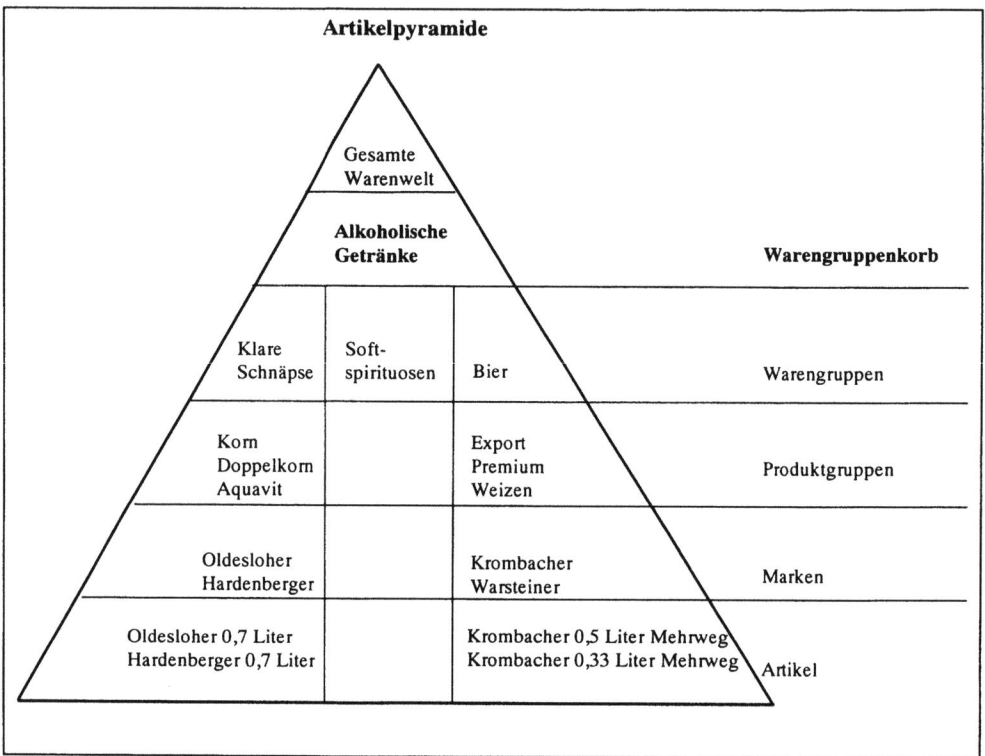

Abbildung 3.1: Aufbau der Artikelpyramide

Die Zusammenfassung von einzelnen Artikeln führt zu einer Marke. Diejenigen Artikel, die sich in wesentlichen Merkmalen gleichen, werden als Produktgruppe bezeichnet. Die erneute Aggregation von Produktgruppen führt zu einer Warengruppe. Zusammenfassungen von Warengruppen ergeben einen sog. Warengruppenkorb, dessen Aggregation dann die gesamte „Warenwelt" beinhaltet. Eine Übersicht über die Food Warengruppen befindet sich Anhang ab Seite 151.

Eine Warengruppendefinition muß beinhalten:

- Die detaillierte Definition einer Warengruppe,

- Unterscheidungsmerkmale innerhalb dieser Warengruppe (Produktgruppen),

- Art und Umfang der beobachteten Artikel,

- Art und Umfang der ausgeschlossenen Artikel.

3.1.3 Der EAN Code

Generell müssen zwei Arten von EAN´s („EAN" steht für European Article Number) unterschieden werden.

- die 13-stellige EAN, auch Normalnummer genannt,
- die 8-stellige EAN, auch Kurznummer genannt.

Auf den Artikeln sind bei beiden Varianten immer ein maschinenlesbarer Balkencode (Abbildung 3.2), sowie eine Ziffernreihe sichtbar. Die Bedeutung der einzelnen Stellen der Normalnummer ist in Tabelle 3.1 angegeben.

Abbildung 3.2: Der 13-stellige EAN Code

Tabelle 3.1: Die Ziffernfolge der Normalnummer

1. – 2. Stelle	Herkunftsland, Deutschland hat beispielsweise die Ziffern 40,41,42 und 43
3. – 7. Stelle	Betrieb, der die EAN Nummer für einen Artikel benutzt. Dies ist in der Regel der Hersteller oder Lieferant des Artikels
8. – 12. Stelle	Individuelle Artikelnummer des Herstellers
13. Stelle	Prüfziffer

Der 8-stellige Code unterscheidet sich nicht prinzipiell von dem oben beschriebenen 13-stelligen Code. Auch hier gilt wieder die Unterteilung in die vier verschiedenen Bereiche Länderkennzeichen (Stelle 1 – 2), Betriebsnummer (Stelle 3 – 5), individuelle Artikelnummer (Stelle 6 -7), sowie die Prüfziffer (Stelle 8).

Allein die Größe dieses Codes ist ausschlaggebend dafür, welche Art von Code (13- oder 8-stellig) auf einem Artikel zu hinterlegen ist. Während der 13-stellige Code eine Fläche von ca. 10 cm² und bei optimalen Druck- und/oder Papierqualitäten nur 6 cm² aufweist, ist diese Fläche für einige Artikel zu groß. Prinzipiell gilt die Regel, daß im Falle einer Inanspruchnahme von mehr als 25 % der Frontfläche eines Artikels ein verkürzter EAN aufgedruckt werden darf. Dieser ist dann 8-stellig und unter optimalen Druckqualitäten nimmt er eine Fläche von 4 cm² ein.

3.2 Segmente

Die Segmente beschreiben den Ort des Einkaufs oder der Erhebung, der durch die unterschiedlichen Panelarten ausgewiesen werden kann. Je nach Art des Handelspanels können sich die Segmente von Panel zu Panel unterscheiden. So werden im Non-Food Panel andere Segmente mit einem anderen Detaillierungsgrad als im Food Panel ausgewiesen. Bei der Bestimmung der zu einem Panel gehörigen Segmente wird in erster Linie das typische Kaufverhalten der Kunden sowie das Angebotsverhalten der Händler berücksichtigt. Weiterhin muß sichergestellt sein, daß eine Erhebung überhaupt möglich ist.

3.2.1 Segmente des Food Handelspanels

Für das Handelspanel erfolgt grundsätzlich ein Segmentsplitt nach:

- *Gebieten* (in welcher Region, in welchen Bundesländern) wurde ein Produkt verkauft),

- *Key-Accountern oder Absatzmittlern* (welcher Organisation gehört dieses Geschäft an) und

- *Geschäftstypen* (z.B. wie groß ist die Verkaufsfläche).

3.2.1.1 Gebiete des Handelspanels

Die in Tabelle 3.2 aufgeführten Gebietsunterscheidungen sind die als Standard zu bezeichnenden Gebiete. In speziellen regionalen Panels, werden die Gebiete noch wesentlich differenzierter ausgewiesen. Nicht das Bundesland NRW ist

GfK	A.C. Nielsen
Nord West - Schleswig-Holstein, Hamburg - Niedersachsen, Bremen	Gebiet 1 - Gebiet 1 (Nord) - Gebiet 1 (Süd)
Nordrhein-Westfalen - Nordrhein - Westfalen	Gebiet 2 - Gebiet 2 (West) - Gebiet 2 (Ost)
Mitte - Hessen, Rheinland Pfalz, Saarland	Gebiet 3a
Baden Württemberg	Gebiet 3b
Bayern	Gebiet 4
Berlin	Gebiet 5
Nord Ost - Mecklenburg-Vorpommern - Brandenburg, Sachsen-Anhalt	Gebiet 6
Thüringen, Sachsen	Gebiet 7

möglicherweise maßgebend, sondern Regierungsbezirke oder gar Großstädte.

3.2.1.2 Geschäftstypen des Handelspanels

Bei dem Ausweis nach Geschäftstypen wird die gesamte Bundesrepublik in die drei Bereiche *Verbrauchermärkte, Discounter* und *Traditioneller LEH* unterteilt.

3.2.1.2.1 Verbrauchermärkte

Verbrauchermärkte sind Selbstbedienungs-Einzelhandelsgeschäfte, die eine Verkaufsfläche von 800 qm und mehr aufweisen. Es werden hier Lebensmittel, aber auch Ge- und Verbrauchsgüter des kurz- und mittelfristigen Bedarfs angeboten.

Die großen Verbrauchermärkte mit einer Verkaufsfläche von 5.000 qm und mehr werden auch als *Selbstbedienungs-Warenhäuser* bezeichnet. Diese führen ein warenhausähnliches Sortiment, analog der Definition des Verbrauchermarktes, aber zusätzlich mit Gebrauchsgütern des langfristigen Bedarfs (z. B.: Radios).

```
┌──────────────────────────────────────────────────────────────┐
│                   Verbrauchermärkte Gesamt                     │
│                                                                │
│                                                                │
│  800 - 1499 Qm          Verbrauchermärkte WEST                 │
│  1500 - 2499 Qm         Verbrauchermärkte NORD WEST            │
│                         (Schleswig-Holstein, Niedersachsen,    │
│  2500 - 4999 Qm         Bremen, Hamburg)                       │
│                                                                │
│  5000 Qm und mehr       Verbrauchermärkte NRW                  │
│                                                                │
│                         Verbrauchermärkte MITTE                │
│                                                                │
│                         Verbrauchermärkte SÜD                  │
│                         (Bayern, Baden-Württemberg)            │
│                                                                │
│                         Verbrauchermärkte OST                  │
│                                                                │
└──────────────────────────────────────────────────────────────┘
```

Abbildung 3.3: Untergliederung der Verbrauchermärkte

Alle Verbrauchermärkte weisen in der Regel einen zentralen Check-Out und weiträumige Kundenparkplätze auf. Der Standort ist oftmals in Stadtrandlagen. Die Institute unterteilen dieses Segment weiter in verschiedene Größenklassen und Regionen.

Die Verbrauchermärkte weisen die in Abbildung 3.3 dargestellt Untergliederung auf.

3.2.1.2.2 Discounter

Discounter sind Selbstbedienungsgeschäfte die ein engbegrenztes Sortiment mit überwiegendem Lebensmittelanteil führen. Die Ausstattung der Geschäfte ist einfach, es wird eine starke Betonung auf Niedrigpreise gelegt.

Der Discounter wird in den Berichten der Institute nur recht grob in die Discounter West und Ost untergliedert.

Discounter Gesamt
- Discounter WEST
- Discounter OST

3.2.1.2.3 Traditioneller LEH

Alle Geschäfte, die nicht in die Kategorie Verbrauchermärkte oder Discounter gehören, aber vorwiegend Lebensmittel anbieten, werden als Traditioneller LEH bezeichnet. Ausgenommen sind sogenannte Fachgeschäfte (z. B. Süßwareneinzelhandel, Bäckereien), die nur ein Lebensmittelrandsortiment offerieren.

Eine weitere Untergliederung des Traditionellen LEH erfolgt, wie bei den Verbrauchermärkten, nach der Verkaufsgrößenklasse. Regionale Unterteilungen gibt es nicht.

Traditioneller LEH Gesamt

- bis 199 QM

- 200-399 QM

- 400-799 QM   (auch Supermärkte genannt)

Insgesamt haben diese drei beschriebenen Segmentierungsformen folgende Entwicklung in den letzten beiden Jahren aufzuweisen:

Tabelle 3.2: Entwicklung der Geschäftstypen

Geschäftstypen	Anzahl Geschäfte		Umsatz in Mrd. DM	
	1997	1998	1996	1997
Verbrauchermärkte	6.840	7.090	91,5	95,3
Discounter	9.140	9.690	36,9	38,9
Traditioneller LEH	51.320	48.520	66,3	62,0
Gesamt:	67.300	65.300	194,7	196,2

3.2.1.3 Key-Accounter des Food Handelspanels

Die Key-Account Betrachtung ist der dritte Blick auf den Gesamtmarkt der Bundesrepublik Deutschland. Eine feste Definition kann hier jedoch nicht angegeben werden. Die Strukturen der unterschiedlichen Absatzmittler variieren ständig. Bestehende Geschäfte wechseln die Organisationszugehörigkeit und bedingen dadurch eine veränderte Struktur der Key-Accounter. Darüber hinaus geben die Key-Accounter sehr detailliert vor, welcher Ausweis durch die Institute erfolgen darf. Auch diese Vorgabe kann sich von Jahr zu Jahr ändern. Da somit keine eindeutige Definition möglich ist, werden in Abbildung 3.4 nur die übergeordneten Ausweismöglichkeiten aufgeführt.

Feste Untergliederung

Asko   *Edeka Gruppe*

Markant Gruppe   *Rewe Handelsgruppe*

Tengelmann Gruppe   *Restl. Leh*

Abbildung 3.4: Key-Accounts

Für das Jahr 1998 bzw. 1997 haben diese Key Accounts nachfolgende Werte für die Anzahl der Geschäfte und deren Gesamtumsatz aufzuweisen:

Tabelle 3.3: Anzahl Geschäfte und Umsätze der Key Accounts in 1998/1997

Key-Accounts	Asko	Spar	Edeka	Markant	Rewe	Tengel-mann	Restl. LEH
Anzahl der Geschäfte (98)	1.060	9.220	14.325	8.485	8.090	4.155	19.965
Umsatz in Mrd. DM (97)	15,0	21,4	51,8	29,9	39,2	19,0	19,9

3.2.1.4 Weitere Segmente des Food Handelspanels

Die unter den Punkten 3.2.1.1 bis 3.2.1.3 beschriebenen Segmente sind in der Standardlieferung der Institute bei nahezu allen Warengruppen enthalten. In vielen Warengruppen allerdings ist diese Art der Unterteilung nicht aussagekräftig genug und muß umfangreicher erfolgen.

Werden in den Bereichen der Körperpflege-Warengruppen auch Segmente wie die Drogeriemärkte mit einbezogen, so müssen bei einer vollständigen Beobachtung des Biermarktes die Abholmärkte mit erfaßt werden.

3.2.1.4.1 Drogeriemärkte

Ein Drogeriemarkt ist ein Einzelhandelsgeschäft, daß im wesentlichen Drogeriewaren führt. In der Regel wird zusätzlich ein absatzstarkes (schnell drehendes) Markenartikelsortiment ebenfalls in Selbstbedienung vertrieben. Dieses Zusatzsortiment unterliegt dem Discountprinzip (geringe Sortimentsbreite und -tiefe, eher niedrigpreisig angesiedelt). Zählt man zu den Drogeriemärkten die Drogerieabteilungen der Warenhäuser (Hertie, Horten, Karstadt und Kaufhof) hinzu, ergibt sich der Drogeriefachhandel.

3.2.1.4.2 Abholmärkte

Als Abholmarkt werden alle Geschäfte definiert, die den Hauptumsatz aus dem Verkauf von Getränken in Mehrwegverpackungen realisieren. Hierbei unterscheidet man zwischen:

- ungebundene oder
- gebundene Abholmärkte

Als ungebunden zählen Filialisten wie z.B. Fristo, Hoffmann und Kronland. Handelt es sich allerdings um eine ausgelagerte Getränkeabteilung z. B. eines Verbrauchermarktes, wird dieser als gebundener Abholmarkt bezeichnet. Dies gilt auch für Märkte die räumlich und auch organisatorisch getrennt sind, aber dennoch als ausgelagerte Getränkeabteilung anzusehen sind.

In den Panelberichten werden nur die ungebundenen Getränkeabholmärkte in das separate Segment Abholmärkte einbezogen. Die gebundenen Verkaufsstätten fließen dagegen in die Verbrauchermärkte, oder dem jeweiligen anderen Geschäftstyp mit ein.

3.2.1.4.3 Kauf- und Warenhäuser

Warenhäuser sind Einzelhandelsgroßbetriebe in zentraler City-Lage. Es wird ein breites Sortiment vorwiegend aus den Bereichen Bekleidung, Textilien, Haushaltswaren und Lebensmittel angeboten. Hierzu zählen Karstadt/Hertie, Kaufhof/Horten sowie Woolworth.

Kaufhäuser dagegen sind Einzelhandelsfachgeschäfte mit ebenfalls größerer Fläche, allerdings mit einem breiten und tiefen branchenbetonten Sortiment.

1998 gab es insgesamt 690 Kauf- und Warenhäuser in Deutschland, die zusammen 1997 einen Umsatz von DM 28,9 Mrd. DM erzielten.

3.2.1.5 Zusammenfassung

Die oben beschriebenen Segmente, die in den unterschiedlichen Panelberichten ausgewiesen werden, haben sich in den letzten beiden Jahren, wie in Tabelle 3.4 angegeben, entwickelt. Eine langfristige Übersicht über die Entwicklung der Segmente befindet sich im Anhang ab Seite 154.

Tabelle 3.4: Die Entwicklung der Segmente in den Jahren 1997 zu 1998
Quelle: Grundgesamtheiten der GfK Panel Services

	Anzahl der Geschäfte		Umsatz	
	1997	1998	1996	1997
Verbrauchermärkte	6.840	7.090	91,5	95,3
Discounter	9.140	9.690	36,9	38,9
Aldi	3.050	3.050	32,0	32,5
Trad.LEH	51.320	48.520	66,3	62,0
Drogerie-Fachhandel	18.485	18.865	21,6	22,9
Kauf- und Warenhäuser	705	690	30,0	28,9
Getränkeabholmärkte	9.060	9.060	6,1	5,9
C & C Betriebe	385	395	22,2	22,7
Gesamt	98.985	97.360	306,6	309,1

3.2.2 Segmente des Verbraucherpanels

Viele Segmente die bereits für das Handelspanel beschrieben wurden, sind im Verbraucherpanel wiederzufinden. So sind auch hier regionale Ausweise, ebenso wie Unterteilungen nach den beschriebenen Key-Accountern und Geschäftstypen zu finden. Andererseits liefert das Haushaltspanel eine Vielzahl von ergänzenden Segmentierungen, wie z.B. Aldi oder die Vertriebstypen der Key-Accounter.

Ein weiterer Vorteil der Segmentierung des Verbraucherpanels liegt im Ausweis der Soziodemographie. Es werden Bevölkerungsstrukturmerkmale ausgewiesen, die ein Handelspanel aufgrund des Forschungsansatzes nicht liefern kann.

In Tabelle 3.5 sind die heute für viele Warengruppen typischen soziodemographischen Kriterien zusammengefaßt.

Tabelle 3.5: Soziodemographische Marktaufteilung

Alter der haushalts-führenden Person (Haushaltsvorstand)	Haushaltsgröße	Anzahl Kinder	Verfügbares Einkommen
bis 29 Jahre	1 Person	Kein Kind	bis DM 999
30 – 39 Jahre	2 Personen	1 Kind	DM 1.000 - 1.499
40 – 49 Jahre	3 Personen	2 und mehr Kinder	DM 1.500 - 1.999
50 – 59 Jahre	4 Personen		DM 2.000 - 2.499
60 + älter	5 und mehr Personen		DM 2.500 - 2.999
			DM 3.000 - 3.999
			DM 4.000 und mehr

3.3 Perioden

Die Perioden kennzeichnen den Rhythmus der permanenten Berichterstattung durch die Institute.

Das Fernsehzuschauerpanel weist mit seinem täglichen Auswertungszyklus die kürzeste Periodizität auf. Im Scannerpanel wird wöchentlich berichtet und alle übrigen Panels gehen in der Regel auf eine mindestens einmonatliche Berichterstattung ein.

Einer einmonatlichen Berichterstattung unterliegen alle Warengruppen des Anzeigenpanels, sowie ausgewählte Warengruppen des Verbraucherpanels (dies ist abhängig von der Anzahl der Kaufakte). Teilweise können für diese Warengruppen auch Wochenberichte geliefert werden.

Für das Handelspanel hat sich die zweimonatliche Berichterstattung für den überwiegenden Teil der Warengruppen durchgesetzt. Im Verbraucherpanel kann diese auch bis auf drei Monate ausgedehnt sein. Im wesentlichen bestimmen hier die Saisonalitäten und die Einkaufshäufigkeiten den Berichtsrhythmus.

Die Institute liefern einen Berichtsband, der die aktuelle Periode enthält. Die Berichtsrhythmen der Institute sind in Tabelle 3.6 aufgeführt. Neben diesen aktuellen Informationen beinhaltet der Bericht in der Regel auch noch die übrigen Perioden des laufenden Kalenderjahres und den Gesamtjahreswert des Vorjahres.

Tabelle 3.6: Periodenbezeichnungen

GfK		A. C. Nielsen
Handelspanel FOOD	Handelspanel NON FOOD	Handelspanel FOOD
Januar/Februar	Februar/März	Februar/März
März/April	April/Mai	April/Mai
Mai/Juni	Juni/Juli	Juni/Juli
Juli/August	August/September	August/September
September/Oktober	Oktober/November	Oktober/November
November/Dezember	Dezember/Januar	Dezember/Januar

Auf einem Zeitstrahl (vgl. Abbildung 3.5) wird deutlich, welche Perioden üblicherweise aus den gelieferten Berichtsperioden gebildet werden. Unterstellt man, daß die Berichtsperiode März/April 1997 des Handelspanel FOOD der GfK ausgeliefert wurde und die Berichte der letzten zwei Jahre noch vorliegen, so sind die nachfolgend aufgeführten Perioden von Relevanz.

- Tertialsperioden: Zusammenfassung von zwei Berichtsperioden
- Halbjahresperioden: Kumulation von drei Berichtsperioden
- Jahresperioden: Aggregation der Daten auf Jahresbasis
- Aufgelaufenes Jahr: Kumulation von der Start- bis zur aktuellen Periode
- Rollierendes Jahr: Von der aktuellen Periode aus rückwärts berechnete Jahreswerte
- Quartalsperioden: 3 Monats-Perioden (dieser Periodentyp kann nicht mit der Handelspanelberichterstattung, jedoch im Anzeigenpanel gebildet werden.)

Die Ausgestaltung der kumulierten Periode wird davon beeinflußt, ob das „normale" Kalenderjahr auch das Geschäftsjahr ist, oder ob ein anderer Startpunkt für

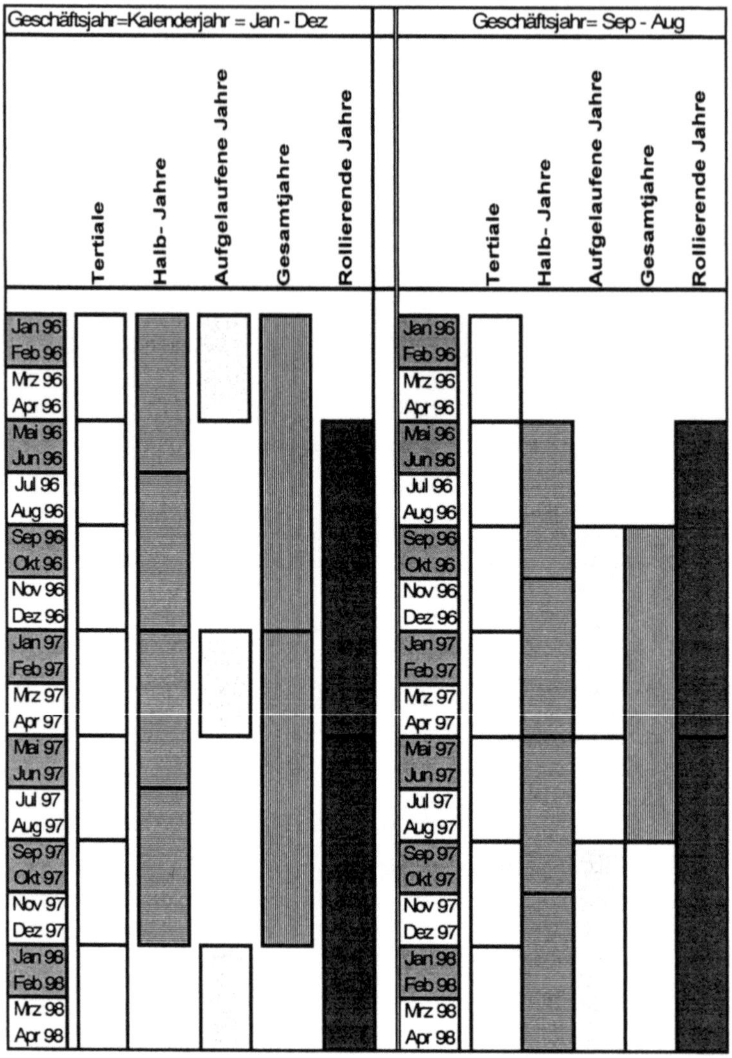

Abbildung 3.5: Zeitstrahl der beschriebenen Periodentypen

ein neues Geschäftsjahr festgelegt wurde. Beispielsweise ist in Abbildung 3.5 in der rechten Hälfte das Geschäftsjahr von September bis August definiert. Während das Rollierende Jahr von der definierten Startperiode unabhängig ist (die jeweils aktuelle Berichtsperiode wird zu Berechnung herangezogen), ergeben sich die einzigen Unterschiede bei den Halb- und Aufgelaufenen Jahren. Die Tertialsperioden sind nur aufgrund der gewählten Startperiode in beiden Tabellenteilen identisch.

3.4 Fakts

Die Fakts bilden die 4. Dimension einer Panelzahl. Neben den Artikeln, Perioden und Segmenten, die warengruppenabhängig durchaus von Panelinstrument zu Panelinstrument Überschneidungen aufweisen können, stellen die Fakts das instrumententypische Instrumentarium dar. Identisch bezeichnete Fakts können in den unterschiedlichen Instrumenten verschiedene Bedeutungen haben.

3.4.1 Fakts des Handelspanels

Im Rahmen der Handelspanels kann man circa 60 Fakts unterscheiden, die je nach Fragestellung genauer analysiert werden sollten. Nachfolgend werden die Fakts kurz vorgestellt, wobei durch entsprechende Verknüpfungen einzelner Fakts weitere Kennzahlen berechnet werden können.

3.4.1.1 Standardfakts

Zu den Standardfakts gehören der Verkauf, der Zukauf (= Einkauf des Handels), die Bestände sowie die Preise. Die einzelnen Ausprägungen sowie die Besonderheiten dieser Fakts sind in Tabelle 3.7 zusammengefaßt.

3.4.1.2 Distributionskennzahlen

Insgesamt werden in der Handelspanelberichterstattung 10 Distributionsfakts unterschieden. Fünf Fakts für die „Numerische Distribution", sowie die gleiche Anzahl für die „Gewichtete Distribution". Die numerische Distribution ist immer eine Kennzahl bezogen auf die Anzahl von Geschäften, während die gewichtete Distribution den Umsatz der Geschäfte mit der jeweiligen Warengruppe als Grundlage benötigt.

Im einzelnen handelt es sich um folgende Fakts:

Tabelle 3.7: Standardfakts

Fakt	Ausprägung	Zu beachten
Verkauf	Menge Menge in % Wert (Preis * Menge) Wert in %	Bei der Kumulation der Markt- bzw. Wertanteile kann nicht der Durchschnitt der Einzelperioden genommen werden, sondern es müssen die gewichteten Mittelwerte berechnet werden.
Zukauf	Menge Menge in % Wert Wert in %	Da unter dem Begriff Einkauf der Einkauf der Haushalte im Verbraucherpanel verstanden wird, werden die Einkäufe des Handels als Zukäufe bezeichnet. Bezüglich der Kumulation der Anteilswerte gilt das gleiche wie bei den Verkaufsfakts.
Preis	pro Mengeneinheit Preisabstand, absolut Preisabstand, relativ	Der Preis ergibt sich als Quotient aus den Fakts Verkauf Wert und Verkauf Menge. Die Preisabstände beziehen sich auf den Durchschnittspreis der betrachteten Artikelgruppe.
Bestand	Menge Gesamt (%) Menge Lager (%) Menge Regal (%) Menge Display (%)	Der Bestand Gesamt setzt sich aus dem Lager-, dem Regal- sowie dem Displaybestand zusammen. Bei der Berechnung von kumulierten Perioden gilt, daß nicht die Summe der Einzelbestände gebildet werden kann. Der Bestand in kumulierten Perioden ergibt sich entweder als Durchschnitt der Bestände in den Einzelperioden oder als Bestand der letzten Periode.

- Distribution Gesamt
  Die Gesamtdistribution gibt an, in wievielen Geschäften ein Artikel vertreten ist. Dies bedeutet, der Artikel ist am Erhebungstag vorhanden oder er wurde zumindest seit dem letzten Erhebungstag in diesem Geschäft verkauft.

- Distribution Bestand
  Die Bestandsdistribution zeigt den Prozentsatz aller Geschäfte an, in denen der Artikel am Tag der Erhebung bevorratet war. Hierbei ist es unerheblich, ob

sich der Artikel im Verkaufsraum oder im Lager befindet. Zusammen mit der Distributionslücke bildet die Bestandsdistribution die Gesamtdistribution

- Distributionslücke
  Diese Fakt gibt an, in wieviel Prozent aller Geschäfte, bezogen auf die Grundgesamtheit, der Artikel während der betrachteten Periode verkauft wurde, zum Erhebungszeitpunkt aber physisch nicht vorhanden war. Addiert man zur Distributionslücke die Bestandsdistribution, ergibt sich die Gesamtdistribution.

- Distribution Verkauf
  Im Gegensatz zur Bestandsdistribution, bei der die physische Anwesenheit der Artikel erfaßt wird, bringt die Verkaufsdistribution zum Ausdruck, in wieviel Geschäften der Artikel in der betrachteten Periode tatsächlich verkauft wurde. Dieses Fakt ist ein wichtiger Frühwarnindikator, da eine rückläufige Verkaufsdistribution in der Regel zum Distributionsverlust führt.

- Distribution Zukauf
  Bevor es zum Verkauf eines Artikels kommen kann, muß der Handel diesen zunächst selbst zukaufen. Anhand der Zukaufsdistribution kann man erkennen, wieviel Geschäfte einen bestimmten Artikel nachbestellt haben. Auch dieses Fakt sollte in keinem Frühwarnsystem fehlen. Wenn der Hineinverkauf in den Handel nicht erfolgt, können auch keine Verkäufe realisiert werden.

Die zuvor getroffenen Faktbeschreibungen gelten sowohl für die numerischen als auch für die gewichteten Distributionswerte. Auch der Zusammenhang zwischen der Gesamt- und der Bestandsdistribution sowie der Distributionslücke gilt bei beiden Betrachtungsweisen.

In der Regel werden bei Fragen zur Distribution immer sowohl der numerische als auch der gewichtete Wert angegeben. Beispielsweise bedeutet eine Verkaufsdistribution von 35/78, daß in 35 % aller Geschäfte das betrachtete Produkt in der ausgewählten Periode verkauft wurde, und daß diese Geschäfte 78 % des gesamten Warengruppenumsatzes in diesem Zeitraum erzielten.

Zur Vertiefung der Analyse können auf der Grundlage der soeben beschriebenen Distributionsfakts folgende Kennzahlen berechnet werden:

- Distributionsqualität
  Um die nur relative Aussagekraft der numerischen und gewichteten Distribution zu objektivieren, d.h. die Geschäfte inhaltlich gleich zu gestalten, werden diese beiden Distributionswerte in Relation zueinander gesetzt und zwar:

$$\frac{\text{Distribution gewichtet Gesamt}}{\text{Distribution numerisch Gesamt}}$$

  Je deutlicher dieser Wert über 1 liegt, je besser ist das Verhältnis zwischen der Anzahl der den Artikel führenden Geschäfte und deren Umsatzbedeutung, der Artikel wird demnach vorwiegend in großen Geschäften geführt. Ein Wert kleiner als 1 bedeutet eine geringere gewichtete als numerische Distribution.

  Nehmen die beiden untersuchten Distributionen den selben Wert an, so liegt die entsprechende Distributionsqualität bei 1. Neben dieser Distributionsqualität sollten daher auch immer die beiden Einzelwerte mit in die Betrachtung einfließen.

- Distributionspotential
  Inwieweit die Distribution für eine Marke in einem bestimmten Segment bereits ausgeschöpft ist, zeigt das Fakt Distributionspotential. Die Bestandsdistribution einer Marke wird mit der Numerischen Distribution der gesamten Warengruppe verglichen:

$$\frac{\text{Bestandsdistribution Marke A}}{\text{Numerische Distribution der Warengruppe}} = \text{Distributionspotential}$$

  Je näher dieser Wert an 1 liegt, je höher ist die Distributionsausschöpfung bereits vorangeschritten, ein geringerer Wert zeigt, daß durchaus Potential zur Distributionsausweitung vorhanden ist.

Vergleicht man nur die Bestandsdistribution der Marke mit der Bestandsdistribution der Warengruppe, würden die Geschäfte mit einer momentanen numerischen Lücke nicht mit in die Berechnung einbezogen[1].

- Aktive Verkaufsdistribution
  Die aktive Verkaufsdistribution bewertet die Güte der numerischen Distribution Verkauf gegenüber der gesamten Distribution numerisch einer Marke. Werden diese beiden Distributionsfakts zueinander ins Verhältnis gesetzt, wird erkennbar, wieviel Prozent aller Geschäfte, die einen Artikel in der entsprechenden Periode führen, diesen auch tatsächlich abverkauft haben.

$$\frac{\text{Distribution numerisch Verkauf}}{\text{Distribution numerisch Gesamt}} = \text{aktive Verkaufsdistribution}$$

Je näher das Ergebnis den Wert 1 erreicht, je intensiver konnte die numerische Distribution auch in Abverkäufe umgesetzt werden.

- Aktive Zukaufsdistribution
  Die aktive Zukaufsdistribution zeigt für die ausgewählte Periode den Anteil der Geschäfte, die, bezogen auf die numerische Gesamtdistribution dieses Artikels, Zukäufe getätigt haben.

Die aktive Zukaufsdistribution wird wie folgt berechnet:

$$\frac{\text{Distribution numerisch Zukauf}}{\text{Distribution numerisch Gesamt}} = \text{aktive Zukaufsdistribution}$$

- Umsatzverlust durch Distributionslücke
  Die Distributionslücke deutet immer darauf hin, daß zum Zeitpunkt der Bestandserhebung, der entsprechende Artikel nicht in dem Geschäft gefunden wurde. Der diesem Artikel zur Verfügung stehende Regal- oder Verkaufsplatz wird somit nicht entsprechend genutzt. Der hieraus entstehende Umsatzverlust,

---

[1] Gesamtdistribution = Bestandsdistribution plus Distributionslücke

oder Umsatzverlust durch Lücke, läßt sich wie folgt berechnen:

Umsatzverlust durch Lücke =
Anzahl Geschäfte mit Lücke * Verkauf Wert pro *verkaufendem Geschäft und Periode {oder Monat}*

Dieser Umsatzverlust kann nun bezogen auf die Periode, den Monat oder jeden anderen gewünschten Zeitraum ausgewiesen werden. Der maximale Umsatzverlust pro Jahr ergibt sich bei einer zweimonatlichen Berichterstattung aus der Multiplikation des Periodenwertes mit 6; für eine Berechnung des Umsatzverlustes pro Tag, werden wie bei den übrigen Fakts ebenfalls, 26 Verkaufstage pro Monat zugrundegelegt.

- Artikel pro Geschäft
  Dieses Fakt beschreibt die durchschnittliche Anzahl von *unterschiedlichen* Artikeln einer Warengruppe, die pro Geschäft geführt werden. Diese „Sortendichte" steht in keiner Relation zum Bestand pro Geschäft, sondern ist ein völlig selbständiges Fakt. Die Berechnung erfolgt über die numerische Distribution:

$$\frac{\sum \text{Numerische Distribution aller Marken}}{\text{Numerische Distribution der Warengruppe}}$$

3.4.1.3 Durchschnittswerte pro Geschäft und Periode

Insbesondere bei Artikeln, die über eine relativ kleine Distribution verfügen, vermitteln absolute Angaben oft ein falsches Bild über die tatsächliche Leistungsfähigkeit der Produkte. Aus diesem Grund ist es sinnvoll, wesentliche Fakts pro Geschäft und Periode zu berechnen. Diese Vorgehensweise ist auch zu empfehlen, wenn ein Vergleich zwischen Artikeln mit einer unterschiedlichen Distribution oder Distributionsstruktur verglichen werden sollen. In Tabelle 3.8 sind einige dieser Fakts angegeben.

98

Tabelle 3.8: Durchschnittswerte

Fakt	Berechnung
Verkauf Menge (oder Wert) in führenden Geschäften pro Periode	Die gesamte Verkaufsmenge (der gesamte Umsatz) in der Betrachtungsperiode wird durch die numerische Gesamtdistribution dividiert und das Ergebnis anschließend mit 100 multipliziert.
Verkauf Menge (oder Wert) in verkaufenden Geschäften pro Periode	Bei diesem Fakt wird die gesamte Verkaufsmenge nicht durch die numerische Gesamt-, sondern durch die numerische Verkaufsdistribution dividiert und anschließend mal 100 genommen.
Zukauf Menge (oder Wert) pro zukaufenden Geschäft und Periode	Zunächst wird die Zukaufsmenge für die Betrachtungsperiode festgestellt. Diese Zahl wird dann durch die numerische Zukaufsdistribution dividiert und mit 100 multipliziert.
Bestand Menge (oder Wert) pro bevorratenden Geschäft und Periode	Als bevorratend werden die Geschäfte bezeichnet, die in der ausgewählten Periode in die Distribution Gesamt eingeflossen sind.

Sollen die Durchschnittsangaben nicht die Situation in einer Periode sondern in einem Monat beschreiben müssen die Werte entsprechend durch 2 dividiert werden.

3.4.1.4 Abgeleitete Fakts

Neben den bereits oben beschriebenen Kennzahlen, gibt es eine Vielzahl von weiteren Informationen, die sich aus den schon bekannten Fakts, diese werden oftmals auch als Measures bezeichnet, berechnen lassen. Nachfolgend werden einige dieser Kennziffern vorgestellt.

- Zukaufsüberhang Stück (Wert)

  Das Verhältnis zwischen Zukauf in Stück (Wert) und Verkauf in Stück (Wert) beschreibt den Zukaufsüberhang. Dieses Fakt zeigt an, ob die Zukäufe gegenüber den Verkäufen höher oder niedriger ausgefallen sind. Dies kann ein Hinweis auf einen verstärkten Lagerauf- oder Lagerabbau sein. Gleichzeitig gilt dies als Indiz für mögliche Sonderaktionen des Handels.

  Die Berechnung erfolgt nach folgender Formel:

$$\frac{\text{Zukauf Menge Gesamt}}{\text{Verkauf Menge Gesamt}}$$

- Bevorratungsdauer in Monaten

  Die Bevorratungsdauer beschreibt die Anzahl von Monaten, die ein Artikel bei weiterhin konstanten Absatz, durch den Handel nicht nachgeordert werden braucht.

  Für die Berechnung werden die Verkäufe in Stück (oder den anderen beschriebenen Einheiten), sowie die Gesamtbestand benötigt. Die Formel hat folgenden Aufbau:

$$\frac{\text{Bestand Stück}}{\text{Verkauf Stück}} * \text{Anzahl der Monate einer Berichtsperiode}$$

- Bevorratungsdauer Menge in Tagen

  Eine Weiterverrechnung der Bevorratungsdauer Menge in Monaten stellt das Fakt Bevorratungsdauer Menge in Tagen dar. Ausgehend von 26 Verkaufstagen pro Monat ergibt sich folgende Berechnungsformel:

$$\frac{\text{Bestand Stück}}{\text{Verkauf Stück}} * \text{Anzahl Monate einer Berichtsperiode} * 26$$

- Umschlagsgeschwindigkeit Menge

  Die Umschlagsgeschwindigkeit eines Artikels, bzw. einer Marke zeigt, wie häufig der zum Zeitpunkt der Erhebung festgestellte Gesamte Bestand in dem Berichtszeitraum verkauft wird. Dieses Fakt dient einerseits als Indikator für die Lieferhäufigkeiten der Hersteller, andererseits stellt es ein Indiz für die Kapitalbindung im Handel dar. Je höher die Umschlagsgeschwindigkeit, desto geringer ist die Kapitalbindung.

Die Berechnungsformel hat folgenden Aufbau:

$$\frac{\text{Verkauf Menge}}{\text{Gesamtbestand Menge}}$$

- Lagerproduktivität Menge
  Die Lagerproduktivität eines Artikels, bzw. einer Marke zeigt, wie häufig der zum Zeitpunkt der Erhebung festgestellte Lagerbestand in dem Berichtszeitraum umgeschlagen wird.

Dieses Fakt dient einerseits als Indikator für die Lieferhäufigkeiten der Hersteller, andererseits stellt es ein Indiz für die Lagerkapitalbindung im Handel dar. Je höher die Lagerproduktivität, desto geringer ist die Lagerkapitalbindung.

Die Mengenmäßige Lagerproduktivität entspricht der Umschlagsgeschwindigkeit Menge, es fließen jedoch statt der gesamten Bestände, hier nur die Lagerbestände in die Berechnung mit ein:

$$\frac{\text{Verkauf Menge}}{\text{Bestand Menge Lager}}$$

- Lagerdruck Menge
  Der Lagerdruck (Kehrwert der Lagerproduktivität Menge) ist eine Kennzahl für die Abverkaufsgeschwindigkeit eines Artikels aus den Lägern der Handelsunternehmen. Die Berechnung erfolgt durch den Lagerbestand Menge und Verkauf Menge wie folgt:

101

$$\frac{\text{Bestand Menge Lager}}{\text{Verkauf Menge}} = \text{Lagerdruck}$$

Je geringer dieser Wert ist, desto kürzer ist die Verweildauer eines Artikels im Lagerbestand des Handels. Ein hoher Wert zeugt von einem langsamen Weiterverkauf eines Artikels oder zeigt sog. „Langsamdreher" auf.

- Lagerkapitalbindung
  Die Lagerkapitalbindung ist die wertmäßige Berechnung des Lagerdrucks. Wird der Lagerbestand Menge durch den entsprechenden Lagerbestand Wert ausgetauscht, sowie der wertmäßige Abverkauf mit berücksichtigt, so gelangt man zur Lagerkapitalbindung.

Dies ist die Kennzahl für das in den Lägern des Handels gebundene Kapital.

$$\frac{\text{Lagerbestand Wert}}{\text{Verkauf Wert}} = \text{Lagerkapitalbindung}$$

- Kapitalbindungsdauer
  Nicht nur auf die Lagerbestände, sondern auf alle Bestände der Geschäfte (Bestand Lager + Bestand Verkaufsraum), bezieht sich die Kapitalbindungsdauer eines Artikels, oder der gesamten Warengruppe.

Berechnungsformel:

$$\frac{\text{Bestand Menge} * \text{Verkaufspreis}}{\text{Verkauf Wert der Periode}} * 52$$

- Normierte Verkäufe Menge (Wert) pro Periode
  Bei genauer Betrachtung der Verkäufe pro (führenden oder verkaufenden) Geschäft wird deutlich, daß lediglich die Gesamtzahl der Verkäufe in Menge oder der Umsatz in Relation zu der Anzahl der Geschäfte gesetzt wird. Es wird für das Fakt keinerlei Unterscheidung nach großen und kleinen Geschäften (umsatzstarken, oder umsatzschwachen) getroffen. Dies ist aber ein wesentlicher

Faktor, um die unterschiedlichen Mengen zweier Artikel pro Geschäft auch direkt miteinander vergleichen zu können. Die Normierten Verkäufe Menge beziehen in die Berechnung zusätzlich die numerische und gewichtete Verkaufsdistribution mit ein, so daß mögliche unterschiedliche Distributionsniveaus ausgeglichen werden.

Die Normierten Verkäufe Menge berechnen sich demnach wie folgt:

$$\frac{\text{Distribution Numerisch Verkauf}}{\text{Distribution Gewichtet Verkauf}} * \text{Verkauf Menge pro (verkaufenden) Geschäft}$$

- Normierte Verkäufe Menge pro Monat
  Das Fakt ergibt sich als Quotient aus den „Normierte Verkäufe Menge pro Periode" und der Anzahl der in einer Periode beinhaltenden Kalendermonate.

- Marktanteil in führenden Geschäften
  Der prozentuale Anteil verkaufter Mengen oder deren Umsatz in den führenden Geschäften eines Artikels bezogen auf die übergeordnete Produkt-, oder Warengruppe wird auch als Marktanteil in führenden Geschäften bezeichnet. Zur Berechnung ist neben den Abverkäufen (Umsätzen) die Distribution Gesamt notwendig. Die Formel hat folgenden Aufbau:

$$\frac{\text{Marktanteil Menge}}{\text{Distribution Numerisch Gesamt}} * 100$$

- 100.- DM Umsatz in X Tagen

Welche Zeitspanne ist notwendig, bis mit einem Artikel ein Umsatz von DM 100.- realisiert wurde. Dieses Fakt zeigt die Anzahl der Tage auf, bis eine definierte Umsatzhöhe erreicht ist.

Die Berechnung von 100 DM / Tagesumsatz der führenden Geschäfte würde die Anzahl der Tage liefern, die notwendig sind, um 100 DM Umsatz zu realisieren.

Die Formel hat dementsprechend folgenden Aufbau:

$$\frac{100 \text{ DM}}{\text{wertmäßiger Umsatz pro verkaufenden Geschäft und Monat} : 26}$$

Dieser Tagesumsatz der führenden Geschäfte multipliziert mit 52 ergibt den Umsatz in führenden Geschäften pro Periode (zweimonatliche Berichterstattung unterstellt).

3.4.2 Fakts des Verbraucherpanels

Die Fakts des Verbraucherpanels können grob in drei große Bereiche untergliedert werden. Neben den Einkaufs- und den Käuferfakts bilden die Aktionsfakts die dritte Faktgruppe.

3.4.2.1 Einkaufsfakts

* Einkauf Menge (Wert)
  Die Einkäufe zeigen die Mengen oder die Umsätze, die in einer Periode pro Artikel, Produktgruppe und Warengruppe von den Haushalten eingekauft wurden. Ein direkter Vergleich zweier Marken ist über diese Kennziffern möglich.

Ebenso wie in den Einzelperioden stellt die Berechnung der Einkäufe für beliebige Kumulate der Perioden[2] keine Probleme dar. Über jeden Zeitraum ist dieses Fakt aggregierbar.

---

[2] Vgl.: Punkt 3.3

- Einkauf Menge in %[3]

  Dies ist der prozentuale Anteil der eingekauften Mengen eines Artikels bezogen auf die übergeordnete Produkt-, oder Warengruppe und wird auch als Marktanteil Einkauf Menge bezeichnet.

- Preis pro Menge

  Der durchschnittliche Einkaufspreis errechnet sich immer aus der Division von Einkauf Wert und Einkauf Menge und gibt an, wieviel ein bestimmter Artikel im Durchschnitt in der ausgewiesenen Periode gekostet hat.

Die oben aufgeführten Fakts können zwar auch durch das Handelspanel erhoben werden, allerdings stimmen die Ergebnisse aufgrund der unterschiedlichen Stichproben nur zufällig überein. Ein Hauptgrund für diese Diskrepanz ist darin zu sehen, daß Aldi zwar über das Verbraucher- nicht aber über das Handelspanel dargestellt werden kann.

3.4.2.2 Käuferfakts

- Anzahl Käufer

  Käufer eines Artikels ist die Einzelperson oder der Haushalt, der in einem Berichtszeitraum, diesen Artikel mindestens einmal gekauft hat. Bei genau einmaligem Einkauf wird dieser auch als Einmalkäufer bezeichnet.

- Käuferpenetration (Käufer in %)

  Die Käuferpenetration ist vergleichbar mit den bisher bekannten Marktanteilen. Dieses Fakt stellt die Anzahl der Käufer eines Artikels allen Käufern der *Produkt- oder Warengruppe* gegenüber. Die Käuferanzahl wird somit ins Verhältnis zur absoluten Käuferanzahl der Prozentuierungsvorschrift gesetzt[4].

---

3 Analog dazu erfolgt die Berechnung des Fakts Einkauf Wert in %
4 Diese Prozentuierungsvorschrift ist in der Regel dieselbe, wie sie auch für die Berechnung der Marktanteile Wert und Menge benutzt wird.

- Käuferreichweite (Käuferkreis)

  Die Käuferreichweite ist ein prozentuales Fakt. Es stellt die absolute Käuferanzahl eines Produktes ins Verhältnis zu allen *Panelteilnehmern*, und wird
  oftmals auch als Käuferkreis bezeichnet.

- Anzahl Wiederkäufer

  Als Wiederkäufer für einen Artikel zählt, wer in einem Berichtszeitraum einen
  Artikel mindestens zweimal gekauft hat.

- Anzahl Wiederkäufer in % (Wiederkäuferrate)

  Die Wiederkäuferrate beschreibt das Verhältnis der Wiederkäufer zu allen
  Käufern eines Artikels. Die Berechnung erfolgt durch folgende Formel:

$$\frac{\text{Anzahl Wiederkäufer} * 100}{\text{Anzahl Käufer}}$$

- Bedarfdeckungsrate (Markenkraftfaktor)

  Die Bedarfdeckungsrate zeigt zu wieviel Prozent ein Käufer seinen gesamten
  Bedarf mit dem analysierten Artikel deckt.

- Einkauf Menge (Wert) pro Käufer

  Die Einkaufsmenge pro Käufer zeigt, welche Mengen ein Käufer im Durchschnitt gekauft hat. Zur Berechnung sind die Einkaufsmengen und die Käufer-
  zahl notwendig:

$$\frac{\text{Einkauf Menge Gesamt}}{\text{Anzahl Käufer Gesamt}}$$

3.4.2.3 Aktionsfakts

Dadurch, daß die Haushalte bei der Erfassung ihrer Einkäufe mit angeben sollen,
welchen Artikel sie als „Aktionsware" gekauft haben, können auf der Grundlage

des Verbraucherpanels entsprechende Kennzahlen berechnet werden (vgl. Tabelle 3.9).

Bei der Interpretation der Ergebnisse ist zu berücksichtigen, daß es sich bei diesen Angaben um subjektive Bewertungen seitens der Käufer handelt. Es können sich somit durchaus Abweichungen zur „richtigen" Situation ergeben, wenn beispielsweise eine Aktion nicht als solche von den Käufern wahrgenommen wird.

Tabelle 3.9: Aktionsfakts

Fakt	Beschreibung
Aktionseinkäufe Menge (Wert)	Die Aktionseinkäufe Menge kennzeichnen die eingekauften Mengen, die der Haushalt aus seiner Sicht als Aktionseinkauf einschätzt. Als Aktionsunterstützung kommt eine Anzeige in der Tageszeitung, Handzettel oder Kundenzeitschriften ebenso in Betracht, wie plazierte Regalstopper oder Lautsprecherdurchsagen im Geschäft.
Aktionseinkäufe Menge (Wert) in % der Gesamteinkäufe	Die als Aktionseinkäufe deklarierten Mengen eines Produktes, gemessen an allen Einkäufen dieses Produktes, werden als Aktionseinkäufe Menge in % oder Aktionsanteil Menge bezeichnet.
Aktionseinkäufe Menge (Wert) in % aller Aktionseinkäufe	Wird als Berechnungsbasis der Aktionseinkäufe in % eines Artikels nicht der Gesamteinkauf dieses Artikels, sondern die gesamten Aktionseinkäufe der Produkt- oder Warengruppe herangezogen, errechnet sich der Aktionseinkauf Menge in % aller Aktionseinkäufen
Aktionspreis	Der Aktionspreis ergibt sich analog zu den anderen Preisen als Quotient aus Aktionseinkauf Wert und Aktionseinkauf Menge.

3.4.3 Die Fakts des Anzeigenpanels

Im Rahmen der Anzeigenstatistik wird das Angebotsverhalten des Handels in Tageszeitungen, Anzeigenblätter, Handzettel und Kundenzeitungen analysiert. Erfaßt werden neben den Artikeln der in der Beobachtung befindlichen Warengruppen[5], Informationen über die Anzeigengestaltung. Die Höhe wird in Millimetern, die Breite in Spalten (Tageszeitungsspalten) festgehalten. Weiterhin wird erfaßt, ob ein Produkt innerhalb einer Anzeige besonders groß oder eher klein dargestellt wird, und ob ein Firmen-Logo oder eine Produktabbildung mit verwendet wird. Aus diesen Daten wird ein spezieller Bericht gefertigt, der als Standardinformation die Anzahl der Angebote, die prozentualen Anteile, sowie den Durchschnittspreis enthält.

Tabelle 3.10: Die Fakts des Anzeigenpanels

Fakt	Beschreibung
Anzahl Angebote:	Dieser Wert gibt an, wieviel Angebote tatsächlich in den untersuchten Medien gefunden wurden.
Anzahl Angebote in %:	Dies ist der prozentuale Anteil der Angebote eines bestimmten Artikels bezogen auf alle Angebote der betreffenden Produkt- oder Warengruppe
Angebotspreis:	Zur Bestimmung des Angebotspreises wird der Angebotswert durch die Anzahl der Angebote dividiert.

3.4.4 Fakts des Scanner Panels

Das Scanner Panel, vgl. Punkt 2.3, hat mit seiner wöchentlichen Berichterstattung die schnellste Periodizität innerhalb der bisher beschriebenen Panels.

Für die Fakts gelten hierbei im wesentlichen die Ausführungen und Beschreibun-

---

5 Zur Warengruppendefinition siehe Punkt 3.1.1

gen, die für das Handelspanel gemacht wurden (vgl. Punkt 3.4.1). Alle dort beschriebenen Fakts finden auch hier Relevanz, wobei in vielen Fällen, aufgrund der Datenerfassung über Scannerkassen und dem Ausweis der Promotions- Elemente wie :

- Display
- Kommunikation (Handzettel, Poster, Ladenfunk etc.)
- Preisreduktionen (aber keine Dauerniedrigpreise)

weitere Fallunterscheidungen erfolgen.

Dies ist im wesentlichen auch der Hauptunterschied zu den bisher beschriebenen Formeln und Fakts. Die Berechnungsmethode und Beschreibung bleibt gleich, der Interpretationsfreiraum wurde erheblich erweitert.

Alle dargestellten Elemente, die in den Fakts des Scannerpanels zusätzlich ausgewertet werden können, fließen den Instituten nicht automatisch durch die Datenübertragung der Handelsunternehmen zu. Auch heute noch wird hierzu der institutseigene Außendienst benötigt. Wöchentliche Besuche in den in der Beobachtung befindlichen Märkten durch den Außendienst und entsprechende Rückmeldungen sind notwendig, um diese Informationen in die Berichterstattung einfließen zu lassen.

3.5 Übungsaufgaben zu Kapitel 3

Aufgabe 3.1:
Aus welchen vier Dimensionen setzt sich eine Panelzahl zusammen?

Aufgabe 3.2:
Welche Funktion hat ein EAN-Code und was besagen die einzelnen Ziffern?

Warum ist der Ausweis der Key-Accounter in einem Panel problematischer als der Ausweis von Regionen?

Aufgabe 3.4:

Im Rahmen der Periodenbetrachtung werden nicht nur die Berichtsperioden sondern auch einige kumulierte Perioden analysiert. U. a. sind dies die rollierenden sowie die aufgelaufenen Jahre. Was versteht unter diesen Perioden und warum werden sie berechnet?

Aufgabe 3.5:

Für Produkt A wurden in den letzten drei Perioden folgende Bestände erfaßt:

Periode	1	2	3
Bestand	200	500	100

Welcher Bestand ergibt sich, wenn man die drei Perioden kumuliert?

Aufgabe 3.6:

Im Rahmen einer Distributionsanalyse ergaben sich für die Produkte A und B folgende Werte:

	Produkt A	Produkt B
Distribution Gesamt	34/69	29/73
Distribution Verkauf	26/64	27/72
Distributionslücke	4/8	6/10

Welche Aussagen können anhand dieser Ergebnisse getroffen werden?

Aufgabe 3.7:

Warum werden normierte Verkaufszahlen berechnet?

Aufgabe 3.8:

Worin liegt der Unterschied zwischen der Käuferreichweite und der Käuferpenetration? In welchen Fällen sollten beide Fakts berechnet werden?

Aufgabe 3.9:

Für die Produkte A und B ergeben sich folgende Marktdaten:

	Produkt A			Produkt B		
Periode	1	2	3	1	2	3
Käuferreichweite	17	23	29	12	16	21
Wiederkäuferrate	34	39	33	56	62	60
Bedarfsdeckungsrate	27	31	26	43	45	42

Interpretieren Sie die oben aufgeführten Angaben.

Aufgabe 3.10:

Welche Informationen liefert das Anzeigenpanel? Worin liegt der Hauptunterschied beim Ausweis der Segmente zum Handelspanel und welche Probleme ergeben sich bei der Bewertung der Aktionen?

4. Sonderanalyse

Unter Punkt 3. wurden die Fakts aus den verschiedenen Panels diskutiert. Darüber hinaus können auf der Grundlage von Paneldaten aber auch eine Vielzahl von Sonderanalysen durchgeführt werden.

Nachfolgend werden eine Reihe von möglichen Sonderanalyse auf der Grundlage von Paneldaten (Handels-, Verbraucher- und Scannerpanel) diskutiert. Den konkreten Ausführungen wird jeweils eine Tabelle vorangestellt, in der die wesentlichen Sonderanalysen kurz skizziert werden.

Bei den hier aufgezeigten Sonderanalysen handelt es sich aber nicht um eine vollständige Auflistung aller möglichen Fragestellungen, sondern um eine Auswahl, die häufig in den Unternehmen durchgeführt wird. Eine umfassende Darstellung aller Sonderanalysen ist nicht möglich, da einerseits durch die Kreativität der Marktforscher ständig neue Fragestellungen untersucht werden, andererseits die fortlaufende Verbesserung der Datengrundlage immer neue Analysen ermöglicht.

4.1 Sonderanalysen mit Handelspaneldaten

Aufgrund der Vorgehensweise beim Handelspanel, beziehen sich viele Sonderanalysen auf Aspekte der Distribution. Preisanalysen werden dagegen heutzutage eher mit Verbraucherpanel- oder Scannerpaneldaten durchgeführt, da die Preisgenauigkeit beim Handelspanel methodenbedingt (die Preisermittlung erfolgt nur am Erhebungsstichtag) nicht so hoch wie bei den anderen Panels ist. Dieses Problem wird allerdings in dem Maße geringer, in dem die Durchsetzung des Handels mit Scannerkassen erfolgt.

Weiterhin bietet das Handelspanel die Möglichkeit Information über die Bestände im Handel zu erhalten. Insbesondere der Vergleich der Marktanteile mit den Anteilen an den Beständen kann zu guten Argumenten gegenüber dem Handel führen, wenn die eigenen Marken höhere Markt- als Bestandsanteile aufweisen.

Tabelle 4.1: Sonderanalysen mit Handelspaneldaten

Vertriebsstrukturanalyse
Im Rahmen der Vertriebsstrukturanalyse wird überprüft, inwieweit die Vertriebsstruktur eines Produktes mit der der Warengruppe übereinstimmt. Hieraus ergeben sich wichtige Erkenntnisse für die Vertriebssteuerung.
Distributionsüberschneidungsanalyse
Im Rahmen dieser Analyse wird untersucht, ob der Marktanteil eines Produktes davon abhängig ist, ob das Produkt in einem Outlet allein oder zusammen mit seinem stärksten Konkurrenten distribuiert ist.
Distributionsdichteanalyse
Hierbei geht es um die Fragestellung, ob der Umsatz durch die gleichzeitige Distribution mehrerer Produkte gesteigert werden kann (vgl. Punkt 4.1.1)
Distributionswanderungsanalyse
Soll überprüft werden, ob die Geschäfte, die Produkt A einmal gelistet hatten, dieses auch weiterhin in ihrem Sortiment führen, muß eine Distributionswanderungsanalyse durchgeführt werden (vgl. Punkt 4.1.2).
Distributionspotentialanalyse
Durch einen Vergleich der Distribution und der durchschnittlichen Abverkäufe pro Geschäft der eigenen Produktes mit der Konkurrenz bzw. dem Gesamtmarkt, können die Produktpotentiale deutlich gemacht werden.
Sortimentsanalyse
Die Sortimentsanalyse, die mit Hilfe einer Portfolio-Matrix visualisiert wird, erlaubt eine Einteilung und damit eine Bewertung der unterschiedlichen Warengruppen bei einem Key-Accounter. Auf der einen Achse wird die Differenz der Wachstumsraten der einzelnen Warengruppen beim analysierten Key-Accounter und dem Gesamtmarkt abgetragen. Die zweite Achse bringt zum Ausdruck, inwieweit sich die Warengruppenmarktanteile bei dem untersuchten Key-Accounter von denen im Gesamtmarkt unterscheiden.
Absatzmittleranalyse
Bei dieser Analyseform erfolgt eine Bewertung der Key-Accounts mit Hilfe einer Portfolio-Matrix. Auf der einen Achse wird die Differenz zwischen dem Marktanteil des Produkt bei den einzelnen Key-Accounts und im Gesamtmarkt abgetragen, wohingegen auf der anderen Achse die Preisdifferenz (Key-Account – Gesamtmarkt) abgetragen werden kann (vgl. Punkt 4.1.3)

4.1.1 Distributionsdichteanalyse

Für Anbieter, die von einem Produkt A unterschiedliche Sorten anbieten, zum Beispiel ein Anbieter von Fruchtsäften bietet unterschiedliche Geschmacksrichtungen der gleichen Marke an, stellt sich die Frage, in welchem Umfang sich der Absatz steigern läßt, wenn mehrere Geschmacksrichtungen in einem Geschäft distribuiert sind. Auch diese Analyse kann nach unterschiedlichen Geschäftstypen, Key-Accounter, Regionen oder der Größe der Verkaufsfläche durchgeführt werden (vgl. Tabelle 4.2).

Tabelle 4.2: Distributionsdichte (ohne Konkurrenzprodukt)

	Anzahl der Sorten						
	1	2	3	4	5	6	7
	Ø- Verkauf Stück/Geschäft						
Traditioneller LEH	112	118	121	128	125	122	131
Discounter	156	178	189	212	234	255	287
Verbrauchermärkte	193	223	253	288	328	370	415

Eine alternative Vorgehensweise ergibt sich, wenn anstatt unterschiedliche Sorten der gleichen Marke Konkurrenzprodukte berücksichtigt werden. Hier lautet die Frage, inwieweit kann der Absatz oder Umsatz einer Warengruppe durch die Anzahl der Konkurrenzangebote gesteigert werden (vgl. Tabelle 4.3). Diese Fragestellung ist insbesondere für den Handel von großer Bedeutung.

Werden von Produkt A mehrere Sorten angeboten, so hat dies eine belebende Wirkung auf den Absatz in Stück pro Monat. Die Steigerungen fallen je nach Vertriebstyp aber unterschiedlich aus. Während im Traditionellen LEH der Anstieg des Abverkaufs durch die Hinzunahme weiterer Sorten von Produkt A gering ist, können im Discount- und insbesondere im Verbrauchermarktbereich deutliche Abverkaufssteigerungen realisiert werden. Die Ausweitung auf sieben Sorten führt bei den Verbrauchermärkten zu mehr als einer Verdoppelung des Abverkaufs im Vergleich zur Distribution nur einer Sorte.

Inwieweit sich die durchschnittlichen Abverkaufszahlen verändern, wenn in den

Outlets auch Konkurrenzprodukte angeboten werden, wird in Tabelle 4.3 dargestellt.

Tabelle 4.3: Distributionsdichte (mit Konkurrenzprodukt)

	Anzahl der Sorten						
	1	2	3	4	5	6	7
	∅- Verkauf Stück/Geschäft						
Traditioneller LEH	78	81	80	85	82	85	88
Discounter	123	131	147	158	169	181	194
Verbrauchermärkte	152	161	176	198	219	234	249

Die zusätzliche Distribution von Konkurrenzprodukten führt nicht nur erwartungsgemäß zu einer Reduzierung der Abverkäufe von Produkt A, sondern auch der positive Effekt der Sortenvielfalt wird deutlich abgeschwächt. Beispielsweise beträgt nun die Steigerung des Abverkaufs von einer auf sieben Sorten in den Verbrauchermärkten nur noch etwas über 60 %, wohingegen es ohne Konkurrenten zu einer Erhöhung von mehr als 100 % kam.

Diese Analyseart zeigt sowohl dem Produzenten als auch dem Handel, ob sich durch die Erweiterung der Sortenvielfalt der Absatz stärker steigern läßt, als durch die Aufnahme weiterer Wettbewerber.

4.1.2 Distributionswanderungsanalyse

Die Distributionswanderungsanalyse sollte immer dann durchgeführt werden, wenn man trotz steigender Distributionswerte nicht sicher ist, daß alle Geschäfte, die das Produkt einmal distribuiert haben, dieses auch weiterhin zu- und abverkaufen. Besondere Bedeutung hat diese Analyseform bei der Produktneueinführung, da dort durch eine qualitative Bewertung der Distributionsentwicklung Probleme frühzeitig aufgezeigt werden können. Die Betrachtung der reinen Distributionszahlen, wie in Kapitel 3.4.1.2 aufgeführt, kann dagegen zu schwerwiegenden Fehlinterpretationen führen.

In dem in Tabelle 4.4 dargestellten Beispiel wird deutlich, daß zwar die Distribution kontinuierlich mit ähnlichen Zuwächsen ausgebaut werden kann, daß aber diese positive Entwicklung auf die überproportionale Hinzugewinnung neuer Ge-

Tabelle 4.4: Distributionswanderungsanalyse

Periode	Gesamt-distribution				
1	12	Geschäfte der 1. Per.	Neudistri-bution		
2	18	8	10		
			Geschäfte der 2. Per.	Neudistri-bution	
3	27	6	7	14	
				Geschäfte der 3. Per.	Neudistri-Bution
4	30	4	5	9	12

schäfte zurückzuführen ist. Problematisch ist, daß in allen Perioden Distributionsverluste bei den bereits gewonnenen Geschäften zu verkraften sind. Beispielsweise ist das Produkt in der vierten Periode nur noch in jedem dritten Geschäft vertreten, in denen es in der ersten Periode distribuiert war. Von den Geschäften, die das Produkt in der zweiten Periode zum ersten Mal führten, verzichtet bereits in der vierten Periode jedes zweite Outlet wieder auf das Produkt. Offensichtlich wurde das Produkt mit starker Kommunikationsunterstützung und sehr guten Einführungsunterlagen in den Handel eingeführt, konnte aber die erhofften Absatzzahlen nicht realisieren. Eine weitere Erklärung könnte in der unzureichenden Belieferung der Geschäfte liegen, wenn zum Beispiel die zu geringe Produktionsmenge zunächst für die Neukunden reserviert wird.

Anhand dieses einfachen Beispiels wird deutlich, wie trügerisch eine zunehmende Distribution sein kann, wenn man nicht überprüft, wieviele der einmal erreichten Geschäfte das Produkt auch in den nachfolgenden Perioden im Sortiment belassen.

4.1.3 Absatzmittleranalyse

Mit Hilfe der Absatzmittleranalyse kann man die verschiedenen Positionen von Produkt A bei den Händlern aufzeigen. Auf der einen Achse des Portfolios wird die Differenz zwischen dem Marktanteil des zu analysierenden Produktes beim einzelnen Absatzmittler und auf dem Gesamtmarkt (Ergebnisvariable), auf der anderen Achse ein Marketinginstrument des Handels (Aktionsvariable), abgetragen. Die mit dieser Analyse gewonnenen Erkenntnisse können zur Optimierung der Vertriebs und im Rahmen der Jahresgespräche verwendet werden. In Abbildung 4.1 ist eine Absatzmittleranalyse für Produkt A aufgezeigt, wobei die Preisstellung als Aktionsvariable gewählt wurde. Andere Marketinginstrumente wären beispielsweise die Bestände, die Anzahl der Aktionen, der Distributionsgrad oder auch die Kontaktstrecke.

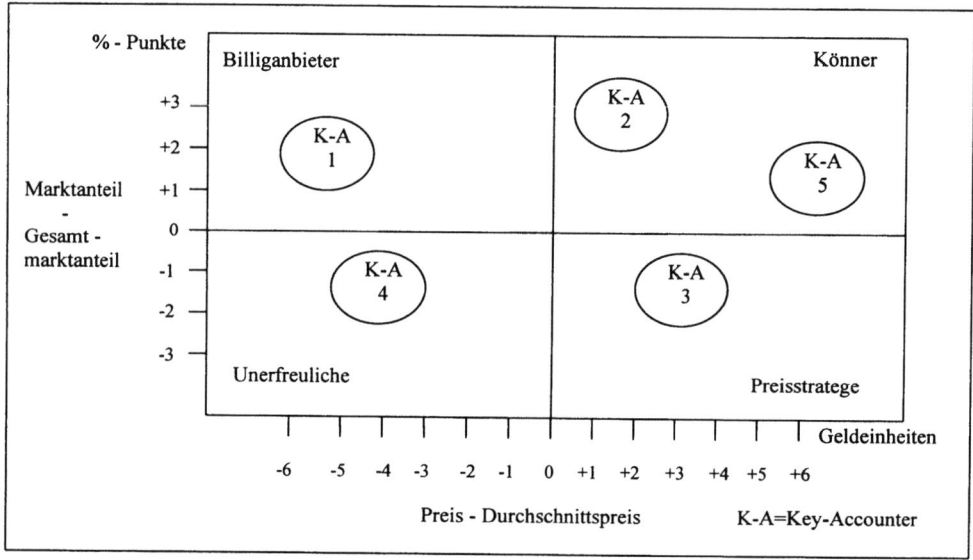

Abbildung 4.1: Absatzmittleranalyse für Produkt A

Anhand des Portfolios können die einzelnen Händler vier Gruppen zugeordnet werden. Den „Könnern" gelingt es, trotz höherer Preise größere Marktanteile mit Produkt A zu erzielen, als die Konkurrenz (K-A 2 und 5). Diese Key-Accounter sind für den Hersteller von Produkt A natürlich besonders interessant.

Dem gegenüber steht der „Billiganbieter", bei dem Produkt A u. a. aufgrund der günstigen Abverkaufspreise ebenfalls einen über dem Durchschnitt liegenden Marktanteil erzielt (K-A 1). Für den Hersteller von Produkt A ergibt sich in diesen Fällen dann kein Problem, wenn er diese Preisstellung nicht mit höheren Rabatten „unterstützen" muß und die verlangten Abverkaufspreise nicht seine Preisstrategie gefährden. „Preisstrategen" kennzeichnen sich dadurch aus, daß sie in ihrer Preisstellung über den Konkurrenten liegen, der Marktanteil von Produkt A aber nicht den des Gesamtmarktes erreicht (K-A 3). Die letzte Gruppe, die „Unerfreulichen" stellen für den Hersteller von Produkt A ein Problem dar, da trotz günstiger Preisstellung nur unterdurchschnittliche Marktanteile erzielt werden können (K-A 4). In diesen Fällen scheint die Unterstützung durch den Key-Accounter für das Produkt deutliche Mängel aufzuweisen, die in den Jahresgesprächen angesprochen werden müssen.

4.2 Sonderanalysen mit Verbraucherpaneldaten

Die Stärke des Verbraucherpanels ist die Möglichkeit zur Beschreibung der Käufer. Aus diesem Grund beziehen sich auch die Mehrzahl der Sonderanalysen auf diesen Aspekt. Unverzichtbar für das Marketing sind auch die Untersuchungen über die Markentreue, die Nebeneinanderverwendung und die Kundenwanderungen.

Tabelle 4.5: Sonderanalysen mit Verbraucherpaneldaten

Käuferstrukturen
Die Käuferstrukturen beziehen sich in erster Linie auf die soziodemographischen Kriterien. Durch diese Betrachtungsweise können die Verwendergruppen sehr detailliert beschrieben werden.
Einkaufshäufigkeit
Hierbei wird festgehalten, wie häufig ein Produkt im Betrachtungszeitraum von einem Haushalt gekauft wurde.

Mengenintensität

Zur Unterscheidung der Intensiv- von den Extensivverwendern wird die Mengenintensität berechnet. Sie gibt Auskunft darüber, wieviel Prozent der Käufer z.B. 60 % der kumulierten Menge eines Produkts gekauft haben.

Nebeneinanderverwendung

Die Nebeneinanderverwendung analysiert das Kaufverhalten der Käufer einer Artikelposition bezüglich anderen Artikelpositionen. Durch diese Analyse sollen Substitutions- und Komplementärbeziehungen aufgedeckt werden.

Kombinationsauszählung

Die Kombinationsauszählung ist eine Erweiterung der Nebeneinanderverwendung, bei der zwischen den untersuchten Sorten, Varianten oder Marken alle Kombinationsmöglichkeiten gebildet und untersucht werden.

Bedarfsdeckung

Die Bedarfsdeckungsrate gibt an, wieviel Prozent des Warengruppenbedarfs ein Käufer über einen bestimmten Artikel abdeckt. Zur Beschreibung der Markenverbundenheit der Käufer können Bedarfsdeckungsklassen gebildet werden.

Markentreue / Markenwechsel

Zur tiefergehenden Analyse der Markentreue werden die Haushalte mit mehreren Käufen in der Warengruppe gesondert analysiert (vgl. Punkt 4.2.1).

Käuferkumulation

Die Käuferkumulation gibt an, wieviel Käufer im Laufe mehrerer Perioden (z. B. während eines Jahres) das Produkt A mindestens einmal gekauft haben. Hierbei ist es irrelevant, wie häufig das Produkt gekauft wurde.

Käuferpenetration

Die Käuferpenetration bringt zum Ausdruck, wieviel Prozent der Käufer einer Warengruppe ein bestimmtes Produkt gekauft haben.

Wiederkaufsrate

Die Wiederkaufsrate gibt an, wieviel Prozent der Erstkäufer das betreffende Produkt im Betrachtungszeitraum mindestens einmal nachgekauft haben.

Kumulierte Wiederkäufer

Bei den kumulierten Wiederkäufern werden im Gegensatz zur Wiederkaufsrate nicht alle Erstkäufer als Basis genommen, sondern die Wiederkäufer werden auf die Käufer bezogen, die nach dem Erstkauf eines Produkts überhaupt im Produktfeld nachgekauft haben.

Prognose nach Parfitt-Collins
Mit Hilfe der Modells von Parfitt-Collins können Marktanteilsprognosen erstellt werden (vgl. Punkt 4.2.2)
Käuferwanderung
Die Käuferwanderung beantwortet die Frage, woher die Käufer einer Marke kommen bzw. wohin ehemalige Käufer gehen (vgl. Punkt 4.2.3)..
Gain & Loss
Mit Hilfe der Gain & Loss Analyse können die Gewinne bzw. Verluste eines Produkts zwischen zwei Perioden quantifiziert werden (vgl. Punkt 4.2.4).
Warenkorbanalyse
Aufgrund der Erfassungsart im Verbraucherpanel können warengruppenüber-greifende Analysen durchgeführt werden. Hierdurch können Komplementär- oder Substitutionsbeziehungen aufgedeckt werden.
Korrelation von Befragungs- und Einkaufsdaten
Werden zusätzliche qualitative Fragen in das Panel aufgenommen (z. B. die Umwelteinstellung), dann lassen sich Verbindungen zwischen dieses Merkmalen und dem Einkaufsverhalten herstellen.

4.2.1 Markentreue / Markenwechsel

Eine tiefergehende Analyse der Loyalität der Haushalte zu einer Marke liefert die Sonderanalyse "Markentreue / Markenwechsel". Dabei werden nur Haushalte mit einer bestimmten Mindestzahl von Einkaufsakten in der Warengruppe (z.B. vier) berücksichtigt, weil nur diese Haushalte so häufig eine Markenwahl getroffen ha-ben, daß aus ihrem Einkaufsverhalten auf ihre Loyalität geschlossen werden kann.

Nun werden Teilgruppen danach gebildet, wieviel verschiedene Marken die be-treffenden Haushalte gekauft haben und die Marktanteile in den Gruppen unter-sucht.

Man betrachtet also zunächst die Haushalte, die nur eine Marke gekauft haben. Eine Marke, die in dieser Gruppe hohe Marktanteile erzielt, hat besonders viele loyale Käufer. Betrachtet man jedoch eine Gruppe mit vielen verschiedenen Marken, so wird eine Marke, die in dieser Gruppe hohe Marktanteile erzielt, vor allem unloyale Käufer haben. In Abbildung 4.2 besitzt die Marke A in hohem Maße die Loyalität ihrer Käufer (sie hat ihren Schwerpunkt bei den Käufern, die nur eine Marke gekauft haben), während die Marke B nur in sehr geringem Maße loyale Kunden binden kann (ihr Marktanteil ist besonders stark bei den Käufern, die sehr häufig die Marke wechseln).

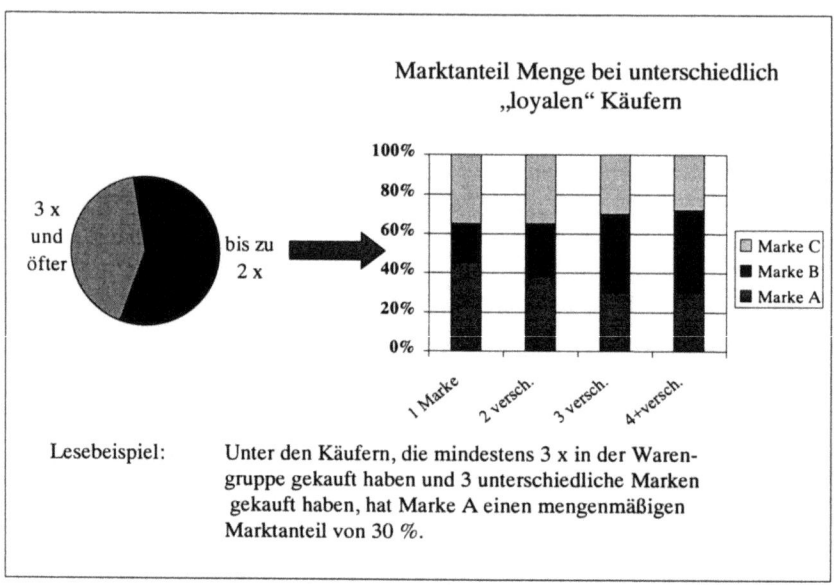

Abbildung 4.2: Markentreue / Markenwechsel

4.2.2 Prognose nach Parfitt-Collins

Die Prognose nach Parfitt-Collins geht von folgender Gleichung aus:
Marktanteil = Penetration × Bedarfsdeckung × Intensitätsfaktor

Mathematisch gesehen stellt die Gleichung im wesentlichen eine Tautologie dar, die durch Erweitern entstanden ist. (Die Einschränkung bezieht sich auf die etwas andere Art der Definition der Bedarfsdeckung; s. unten.) Die Erweiterung wurde

122

jedoch so vorgenommen, daß sich die einzelnen Komponenten inhaltlich sehr gut interpretieren lassen und zudem aus wenigen Werten der weitere Verlauf der Komponenten gut prognostizierbar ist.

Die *Penetration* wurde bereits ausführlich diskutiert. Dabei wurde darauf hingewiesen, daß die weitere Entwicklung der Penetration gut aus bereits wenigen vorhandenen Werten vorhergesagt werden kann. Es wurde auch ausgeführt, daß die Penetration inhaltlich die Fähigkeit eines Produkts ausdrückt, neue Käufer zu einer Marke zu bringen.

Die zweite Komponente, die *Bedarfsdeckung,* wird dagegen etwas anders berechnet als oben dargestellt. Ihre inhaltliche Interpretation als Fähigkeit des Produkts, einen Käufer dauerhaft zu binden, bleibt jedoch erhalten. Treffender muß die von Parfitt-Collins gewählte Form der Bedarfsdeckung jedoch als *Bedarfsdeckung seit dem Erstkauf* bezeichnet werden. Zunächst soll nur auf die Wiederkaufsakte abgestellt werden. Deshalb ist der Erstkauf ausgeschlossen. Weiter wird auf der Zeitachse die Zeit seit dem Erstkauf abgetragen.

Zur Berechnung der Bedarfsdeckung bei Parfitt-Collins

	Perioden ->				
Panelmitglied	1	2	3	4	5
1	**A**	B	B	C	-
2	**A**	-	A	-	A
3	-	**A**	A	B	B
4	-	**A**	C	A	C
5	-	**A**	A	C	A

Fettdruck: Erstkauf von A
     In der ersten Periode seit Erstkauf wurden B, A, C und
     A gekauft. Das entspricht einer Bedarfsdekung von 50%.

Abbildung 4.3: Beispiel für die Berechnung der Bedarfsdeckung seit dem Erstkauf

Beide Änderungen gegenüber der Definition der Bedarfsdeckung führen dazu, daß sich die weitere Entwicklung anhand weniger Werte gut prognostizieren läßt. Sie erfordert jedoch eine individuelle Umrechnung der Haushalte. Abbildung 4.4 verdeutlicht die Vorgehensweise.

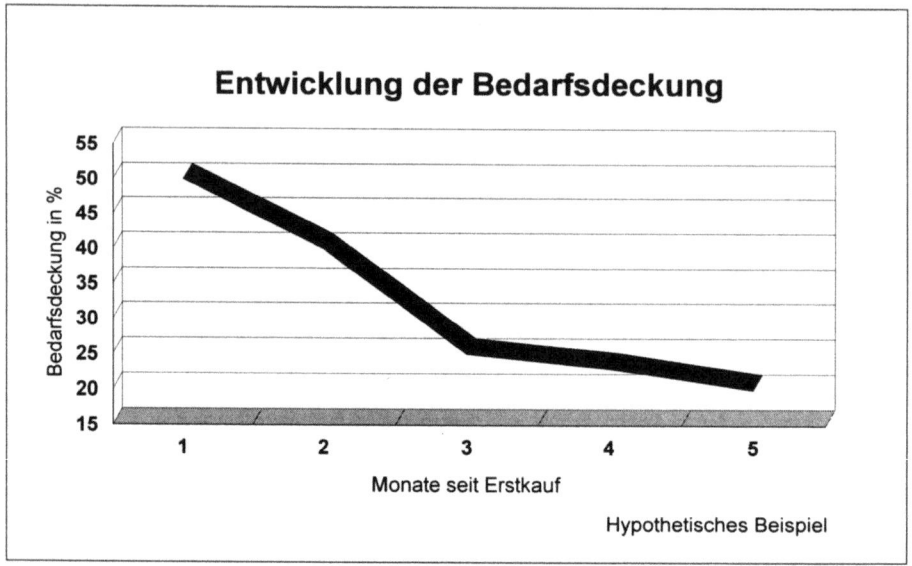

Abbildung 4.4: Entwicklung der Bedarfsdeckung

In der ersten Periode seit dem Erstkauf (also in der zweiten Periode für die Haushalte 1 und 2 und in der dritten Periode für die Haushalte 3, 4 und 5) wurde insgesamt viermal nachgekauft, davon zweimal die Marke A. Wenn alle gekauften Artikel den gleichen Inhalt haben, beträgt die Bedarfsdeckung in der zweiten Periode somit 50 %. In der zweiten Periode seit dem Erstkauf wurden fünf Artikel gekauft, davon zweimal die Marke A. Die Bedarfsdeckung beträgt somit 40 %. In der dritten Periode sind es vier Einkaufsakte, davon einer für A. Abbildung 4.4 zeigt für dieses Beispiel die Entwicklung der Bedarfsdeckung nach Parfitt / Collins in den ersten drei Perioden; i.d.R. strebt die Kurve von oben einem Grenzwert zu, der bereits frühzeitig abgeschätzt werden kann.

Der *Intensitätsfaktor,* als die dritte Komponente der Prognose nach Parfitt-Collins, drückt aus, inwieweit durch das Produktkonzept eher Intensivkäufer oder

Extensivkäufer angesprochen werden, kann also als Maß für die Qualität der Zielgruppe aufgefaßt werden. Er wird errechnet als Durchschnittseinkauf in der Warengruppe der Käufer der Marke A dividiert durch den Durchschnittseinkauf in der Warengruppe der Warengruppenkäufer. Ist der Quotient größer (kleiner) als 1,0, so werden eher die Intensivkäufer (Extensivkäufer) in der Warengruppe angesprochen.

Allerdings ist bei der Interpretation zu berücksichtigen, daß der Durchschnittswert in der Warengruppe zwar 1,0 ist, der Durchschnittswert aller Marken in der Regel über 1,0 liegt. Der Grund dieser zunächst paradox erscheinenden Tatsache ist darin zu finden, daß die Intensivkäufer häufig mehrere Marken kaufen und daher bei mehr Marken berücksichtigt werden, als die Extensivkäufer.

Auch dieser Wert stabilisiert sich in der Regel bereits nach wenigen Perioden und kann daher einfach prognostiziert werden.

Die multiplikative Verknüpfung der drei Komponenten ergibt nun den Marktanteil, der nach der Stabilisierung (das ist der auf Wiederkaufsakten beruhende Marktanteil), erreicht werden kann. Wurden z.B. durch Extrapolation für das Ende des ersten Jahres nach der Produkteinführung die Penetration auf 24 %, die Bedarfsdeckung nach dem Erstkauf auf 36 % und der Intensitätsfaktor auf 1,1 geschätzt, dann ergibt sich ein prognostizierter Marktanteil von $0{,}24 \times 0{,}36 \times 1{,}1 = 0{,}095 = 9{,}5\,\%$.

Wegen der guten inhaltlichen Interpretationsmöglichkeiten liefert die Prognose nach Parfitt-Collins auch ein gutes Analyseraster für Verbraucherpaneldaten, das einen raschen Überblick über die Stärken und Schwächen der untersuchten Marken liefert, wenn die einzelnen Komponenten miteinander verglichen werden. Sie bildet darüber hinaus die Basis der Prognosen von Testmarktsimulationsinstrumenten wie *BASES* von Infratest / Burke oder *TESI* von GfK, bei denen aufgrund eines Studiotests der Marktanteil von Neuprodukten prognostiziert wird.

4.2.3 Käuferwanderung

Die Käuferwanderung beantwortet die Frage, woher die Käufer einer wachsenden Marke gekommen bzw. wohin die Käufer einer zurückgehenden Marke gegangen sind. Wurde ein Marke neu eingeführt, so läßt sich mit dieser Analyse beantworten, welche etablierten Marken von dieser Neueinführung besonders stark getroffen wurden. Die Käuferwanderung wird in mehreren Formen durchgeführt, die anhand der Neueinführung einer Marke erläutert werden sollen.

a) Käuferwanderung auf Basis der direkten Vorkäufe:
Basis sind die Käufer der neu eingeführten Marke. Für diese wird festgestellt, welche Marken sie beim letzten Einkauf in der Warengruppe vor dem Erstkauf der neu eingeführten Marke (direkter Vorkauf) gekauft haben. Die sich daraus ergebenden Anteile an den Kaufakten werden den Anteilen an allen Kaufakten der etablierten Marken vor der Einführung der neuen Marke gegenübergestellt. Diese Anteile dienen als Meßlatte: Ist der Anteil der Vorkäufe höher als der Anteil an allen Kaufakten in der Vorperiode, so ist dies ein Indiz dafür, daß die Marke überdurchschnittlich von der Neueinführung getroffen wurde.

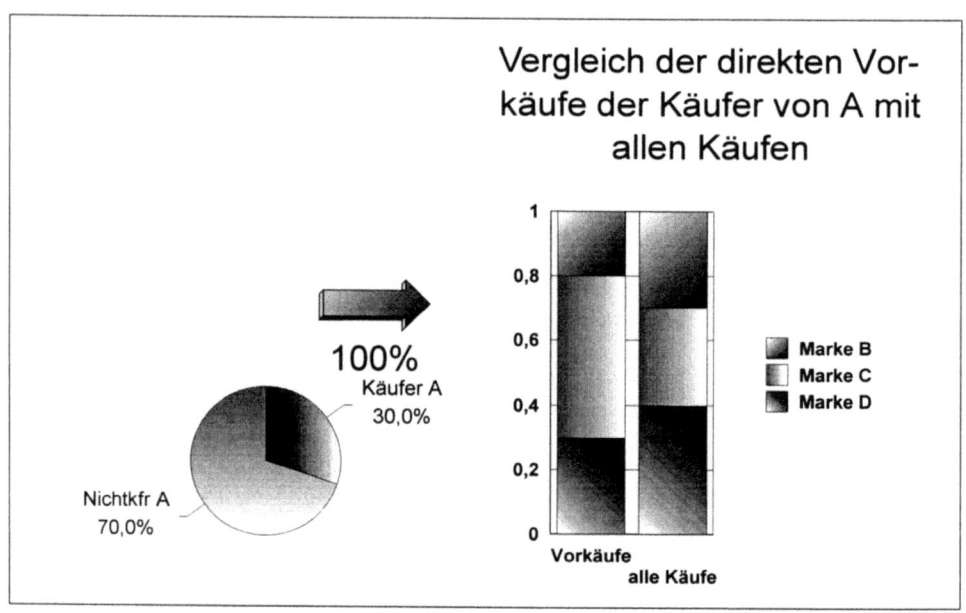

Abbildung 4.5: Käuferwanderung auf Basis der direkten Vorkäufe

Die Abbildung 4.5 erläutert diesen Zusammenhang am Beispiel einer neueinge-
führten Marke A und drei etablierten Marken B, C und D.

In diesem Beispiel werden die Marken B und D von der Neueinführung unter-
durchschnittlich getroffen (der Anteil der Vorkäufe ist geringer als der entsprechende Anteil gesamt im Vergleichszeitraum), während die Marke C überdurchschnittlich verliert (deren Anteil der Vorkäufe ist höher als der entsprechende
Vergleichsanteil).

Statt der Einkaufsakte lassen sich auch die Einkaufsmengen entsprechend unter-
suchen. Es bleibt jedoch der Kritikpunkt, daß durch die Beschränkung auf den
letzten Einkaufsakt der vorhandene Datenpool nur zu einem geringen Anteil genutzt wird. Dieser Kritik wird die zweite Form der Käuferwanderungsanalyse gerecht.

b) Zeitraumbezogene Wanderungsanalyse:
Bei der zeitraumbezogenen Wanderungsanalyse gehen deutlich mehr Einkaufsakte in die Analyse ein, indem die Einkäufe zweier Zeiträume einander gegenübergestellt werden. Wird z.B. der Relaunch einer Marke A untersucht, so
können das Halbjahr vor dem Relaunch und das Halbjahr, in dem der Relaunch
durchgeführt wurde, untersucht werden.

Dabei werden drei Gruppen von Käufer unterschieden:

- Die Abwanderer haben die Marke A nur vor dem Relaunch gekauft.
- Die Zuwanderer haben die Marke A nur nach dem Relaunch gekauft.
- Die Wiederkäufer haben die Marke A vor und nach dem Relaunch gekauft.

Nun werden gegenübergestellt:

- die Einkäufe der Abwanderer im ersten Zeitraum den Einkäufen der Zuwanderer im zweiten Zeitraum sowie
- die Einkäufe der Wiederkäufer im ersten Zeitraum ihren Einkäufen im zweiten
  Zeitraum.

Aus dem Vergleich ergibt sich, woher der Gewinn der untersuchten Marke gekommen bzw. wohin der Verlust gegangen ist. Die Vorgehensweise wird durch das Beispiel in Abbildung 4.6 erläutert:

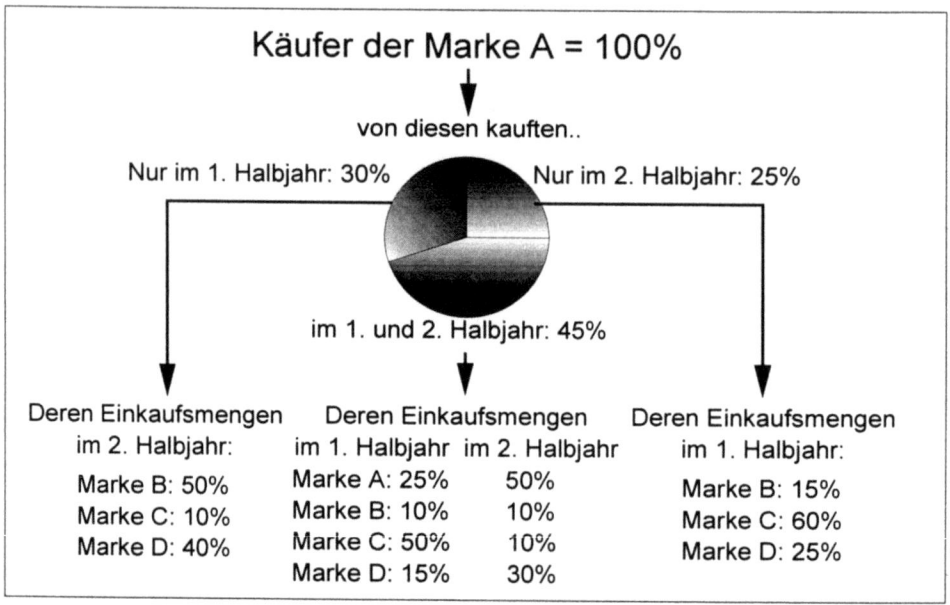

Abbildung 4.6: Beispiel für eine zeitraumbezogene Wanderungsanalyse

- 25% der Käufer von A kaufen A nur im zweiten Halbjahr. Sie werden als *Zuwanderer* bezeichnet.

- Dagegen kaufen 30% der Käufer von A nur im ersten Zeitraum und werden analog als *Abwanderer* bezeichnet.

- Die restlichen 45% kaufen in beiden Zeiträumen und sind entsprechend *Wiederkäufer*.

- Die Abwanderer kaufen zu einem hohen Anteil die Marke B im zweiten Zeitraum. Dagegen ist der Anteil der Marke B im ersten Zeitraum der Zuwanderer zur Marke A gering. B gewinnt also in hohem Maße bei einer Abwanderung, verliert aber nur wenig, wenn ein Käufer zur Marke A zuwandert.

- Ob der Anteil von 50% für B bei den Abwanderern als hoch oder als niedrig zu bewerten ist, ergibt sich aus einem Vergleich mit dem gesamten Marktanteil der Marke. Ist der Marktanteil höher als 50%, dann ist der Gewinn überdurchschnittlich.

- Die Analyse der Wiederkäufer zeigt, daß die Bedarfsdeckung für die untersuchte Marke A unter den Wiederkäufern steigt. Gleichzeitig gibt es Verschiebungen zwischen den Marke C und D. Während D stärker eingekauft wird, verliert C sehr stark und trägt alleine den Gewinn der beiden Marken A und D.

4.2.4 Gain and Loss

Die Gain and Loss-Analyse erlaubt eine noch genauere Quantifizierung der Wanderung zwischen den Marken, indem jeder einzelne Panelhaushalt für sich in zwei Zeiträumen beobachtet wird. Dabei werden zwei Segmente unterschieden:

- Das *nicht aufrechenbare Segment*, das dadurch entsteht, daß der Haushalt in einem der beiden Zeiträume mehr kauft als in dem anderen Zeitraum. Die Mengen dieses Segments können durch Zufall, saisonale Einflüsse, Marktveränderungen oder auch durch individuelle Bedürfnisänderungen des Haushalts hervorgerufen sein.
- Das *aufrechenbare Segment*, das in beiden Zeiträumen für jeden Haushalt gleich groß ist. Sein Mengenanteil wird um so höher sein, je größer die Zeiträume gewählt werden, die miteinander verglichen werden.

Interpretiert wird vor allem das aufrechenbare Segment, das in Form einer Innenmatrix dargestellt wird (siehe Abbildung 4.7).

Die Innenmatrix gibt Auskunft darüber,

- wieviel eine Marke von anderen Marken gewonnen hat und von welchen Marken die Gewinne kommen. So hat in der nachfolgenden Abbildung die Marke A insgesamt 80 Einheiten gewonnen, wobei von der Marke B 50 Einheiten und von der Marke C 30 Einheiten kommen.
- wieviel eine Marke an andere Marken abgeben mußte und welche Konkurrenzmarken dabei wieviel gewonnen haben. In Abbildung 4.7 hat die Marke A insgesamt 50 Einheiten abgeben müssen, davon 10 an die Marke B, 40 an die Marke C.

- wieviel der Menge einer Marke im zweiten Zeitraum auf Wiederkauf basieren. Im Beispiel der Abbildung 4.7 wurden 60 Einheiten wiedergekauft.

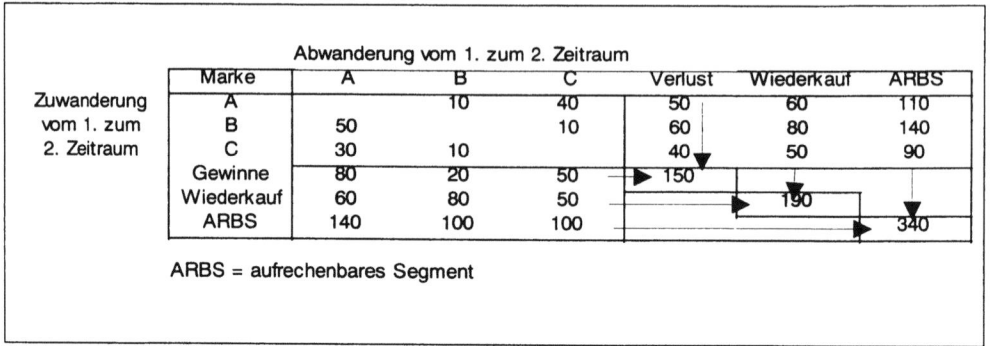

Abbildung 4.7: Beispiel für eine Gain-and-Loss-Innenmatrix

Die Gesamtmenge des zweiten Zeitraums wird also aufgeteilt in

- das nicht aufrechenbare Segment aufgrund von Nichtkauf oder Minderkauf
- das aufrechenbare Segment, das wiederum in Wiederkauf, Gewinn und Verlust unterteilt wird.

Die Gewinne und Verluste von A können nun weiter analysiert werden. Dabei ist vor allem interessant, mit welchen Marken ein überdurchschnittlicher Austausch stattfindet. Hierzu werden die gesamten Wanderungsbewegungen von und zu einer Marke addiert und auf die Wanderungsbewegungen aller Marken prozentuiert. In Abbildung 4.15 ergibt sich für die Marke B ein Wert von (10+50)/(80+60) = 43%. Dagegen beträgt der Anteil der Marke B im aufrechenbaren Segment (140+100)/(340-140+340-110) = 56%. B weist somit einen Affinitätsindex von 43/56*100 = 77 auf, hat also mit A unterdurchschnittliche Wanderungsbewegungen.

130

4.3 Sonderanalysen mit Scannerpaneldaten

Sonderanalysen auf der Basis von Scannerdaten lassen sich in zwei große Bereiche einteilen. Zum einen handelt es sich hierbei um Preisanalysen, da dieses Panel die validesten Preis-Mengen-Kombinationen liefert.

Tabelle 4.6: Sonderanalysen mit Scannerpaneldaten

Auswirkungen einer Preisveränderung Bei jeder Preisvariation stellt sich die Frage, inwieweit die Käufer diese Preisveränderung akzeptieren, bzw. welche Mengen zu welchen Preisen im Durchschnitt verkauft werden können (vgl. Punkt 4.3.1).
Preis-Absatz-Funktion Die Preis-Absatz-Funktion ist die Ausgangsbasis jeder Preisüberlegung (vgl. Punkt 4.3.2).
Preiselastizität der Nachfrage Die Preiselastizität der Nachfrage setzt die relative Mengenveränderung ins Verhältnis zu der sie auslösende relativen Preisveränderung (vgl. Punkt 4.3.3).
Preisabstandsanalyse Mit Hilfe der Preisabstandsanalyse kann die Konkurrenzbeziehung zwischen zwei Produkten untersucht werden. Hierzu werden die Marktanteile der beiden Produkte bei unterschiedlichen Preisabständen betrachtet, wobei die Verkaufsmenge der beiden Produkte gleich 100 Prozent gesetzt wird.
Aktionshäufigkeit Eine wichtige Fragestellung im Zusammenhang mit der Analyse der durchgeführten Aktionen ist die, wieviel Aktionen für die einzelnen Produkte durchgeführt wurden (vgl. Punkt 4.3.4).
Aktionsprofil Neben der Aktionshäufigkeit ist zu beachten, welche Art von Aktion von den Anbietern gewählt wurden (vgl. Punkt 4.3.4).
Aktionsbedeutung für den Absatz Insbesondere für Produkte, die sehr viel über Aktionen verkauft werden, muß die Bedeutung dieser Verkaufsart immer wieder analysiert werden, damit die eigentliche Positionierung des Produkts nicht unerkannt verwischt wird.

Der zweite Bereich ist die Analyse von Aktionen des Handels. Im Unterschied zum Verbraucherpanel werden hier die Aktionsdaten vom Institutsaußendienst wöchentlich erfaßt, so daß dort ein höherer „Wahrheitsgehalt" vermutet werden kann. Auf der anderen Seite muß man sich aber auch darüber im Klaren sein, daß ein Teil der Aktionen vom Kunden nicht wahrgenommen werden. Aus diesem Grund empfiehlt es sich, zur Bewertung von Aktionen nicht nur Scannerdaten, sondern auch Informationen aus dem Verbraucherpanel zu nutzen.

4.3.1 Auswirkungen von Preisveränderungen

In den Fällen, in denen eine Preisveränderung vorgenommen wird, ist es notwendig, die Verschiebungen innerhalb der Preisstellungen bzw. -klassen kontinuier-

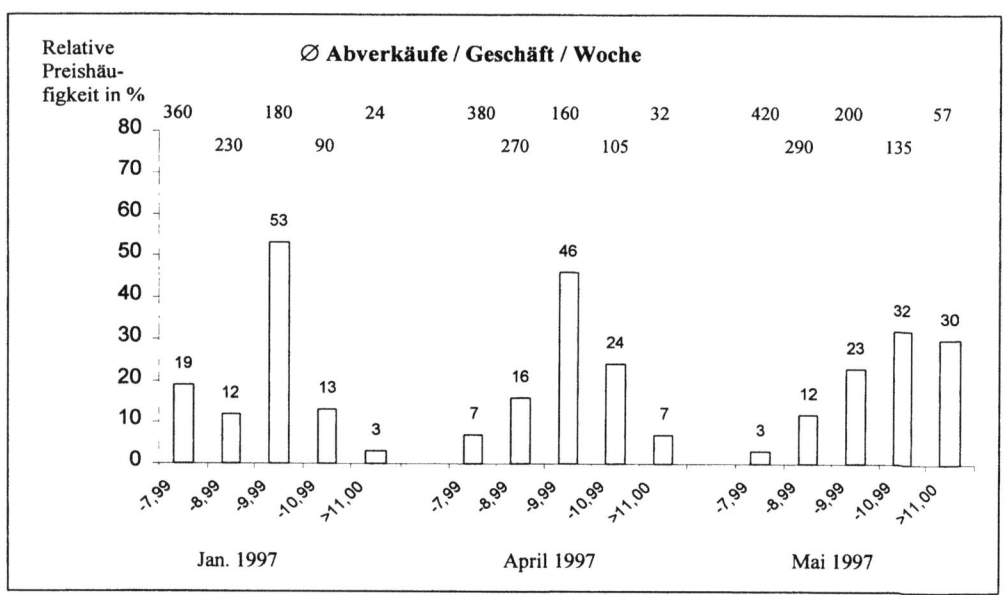

Abbildung 4.8: Auswirkungen einer Preiserhöhung

132

lich zu beobachten, damit rechtzeitig einer nicht geplanten Entwicklung entgegengewirkt werden kann. Ein möglicher Aufbau solch einer Analyse ist in Abbildung 4.8 dargestellt.

Der erste Block (Januar 1997) stellt die bisher „normale" Preisverteilung dar, bevor im April der Preis für Produkt A erhöht wurde. Beim Vergleich der Januar- mit den April- und Maiwerten sieht man, daß die durchschnittliche Abverkaufsmenge bei einer Preisstellung von bis zu 7.99 DM nochmals ausgeweitet werden konnte. Dies läßt sich relativ leicht dadurch erklären, daß diese Preisstellung nach der Preiserhöhung relativ selten auftritt (7 % bzw. 3 % Preishäufigkeit gegenüber 19 % im Januar) und die Käufer die Chance nutzen, viele Einheiten preisgünstig einzukaufen. In etwas abgeschwächter Form trifft dieser Zusammenhang auch für die Preisstellung bis 8.99 DM zu. Der Preisschwerpunkt von unter 10.- DM hat sich im Mai deutlich über die 10.- DM-Grenze geschoben, wobei offensichtlich der Sprung über die 10.- DM-Grenze in vielen Fällen zu einer Preisstellung über 11.- DM genutzt wurde. Diese deutlich Preisverschiebung tritt häufig dann nicht auf, wenn durch die Preiserhöhung keine Preisschwellen überschritten werden.

Die durchschnittlichen Abverkaufszahlen pro Geschäft und Monat zeigen auch auf, daß sich die Kunden an die höheren Preise gewöhnen und das Produkt häufiger zu den hohen Preisstellungen kaufen. Lagen die Durchschnittsverkäufe der Geschäfte pro Woche im Januar bei Preisen über 11.- DM noch bei 24 Einheiten, so konnte dieser Wert bei gleicher Preisstellung im Mai mehr als verdoppelt werden (57 Einheiten).

Wichtig für den Erfolg einer Preisveränderung (analoge Analysen sind bei Preissenkungen durchzuführen) ist somit weniger die Frage, ob zu einem bestimmten Preis überhaupt etwas verkauft werden kann, sondern vielmehr, wie sich einerseits die Durchschnittsverkäufe pro Preisstellung verändern, andererseits welche Verschiebungen es bei den Preishäufigkeiten gibt. Der Vergleich der Abverkäufe in Abbildung 4.8 zeigt, daß im Mai im Vergleich zum Januar in jeder Preisklasse höhere Abverkaufszahlen realisiert werden konnten, daß aber durch die sehr deutliche Verschiebung der Preishäufigkeiten insgesamt weniger verkauft werden konnte als im ersten Monat des Jahres.

4.3.2 Preis-Absatz-Funktion

Die Grundfrage jeder Preisveränderung ist die, welche Reaktionen wird diese Aktion auf der Mengenseite auslösen. Die Bedeutung dieser Fragestellung wurde bereits unter Punkt 4.3.1 aufgegriffen, wobei nun mit der Bestimmung der Preis-Absatz-Funktion eine weitere Möglichkeit zur Offenlegung des Preis-Mengen-Zusammenhangs angesprochen wird.

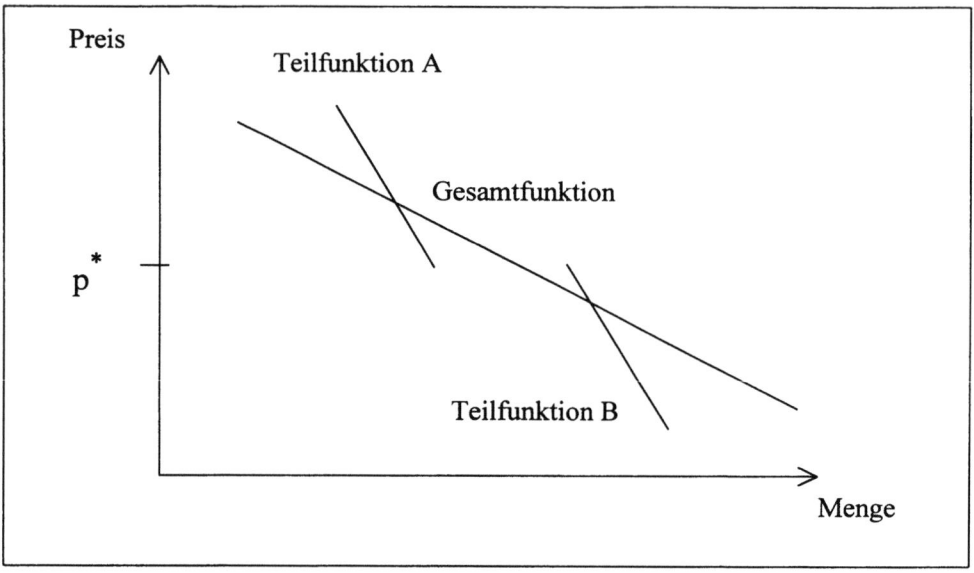

Abbildung 4.9: Die Preis-Absatz-Funktion

Die Preis-Absatz-Funktion kann beim Vorhandensein von Scannerdaten relativ leicht geschätzt werden. Zu beachten ist allerdings, ob nicht ein Strukturbruch innerhalb der Daten vorliegt. Dies ist in der Regel immer dann der Fall, wenn Preisschwellen im Markt auftreten. Von Preisschwellen spricht man, wenn beim Über- oder Unterschreiten bestimmter Preise die Nachfrage deutlich stärker reagiert als dies bei anderen Preisveränderungen der Fall ist. Im Lebensmittelbereich sind dies beispielsweise die Preise 1.- DM oder 10.- DM. In Abbildung 4.9 ist solch eine Situation aufgezeigt.

Würde man in diesem Fall eine Gesamtfunktion schätzen, ergäbe sich ein stark verfälschter Zusammenhang zwischen Preis und Menge. Besser ist es, wenn man

134

die Preis-Absatz-Funktion in zwei Intervallen schätzt, wobei die eine Teilfunktion (Teilfunktion A in Abbildung 4.9) den Zusammenhang oberhalb der Preisschwelle, die andere Teilfunktion unterhalb der Preisschwelle (Teilfunktion B in Abbildung 4.9) wiedergibt.

4.3.3 Preiselastizität der Nachfrage

Die Preiselastizität der Nachfrage gibt an, ob die relative Mengenänderung größer, gleich groß oder kleiner als die sie auslösende relative Preisveränderung ist. Anhand ihres Wertes kann man somit erkennen, ob durch eine Preiserhöhung der Umsatz sinkt oder steigt bzw. in welche Richtung sich der Umsatz verändert, wenn der Preis gesenkt wird.

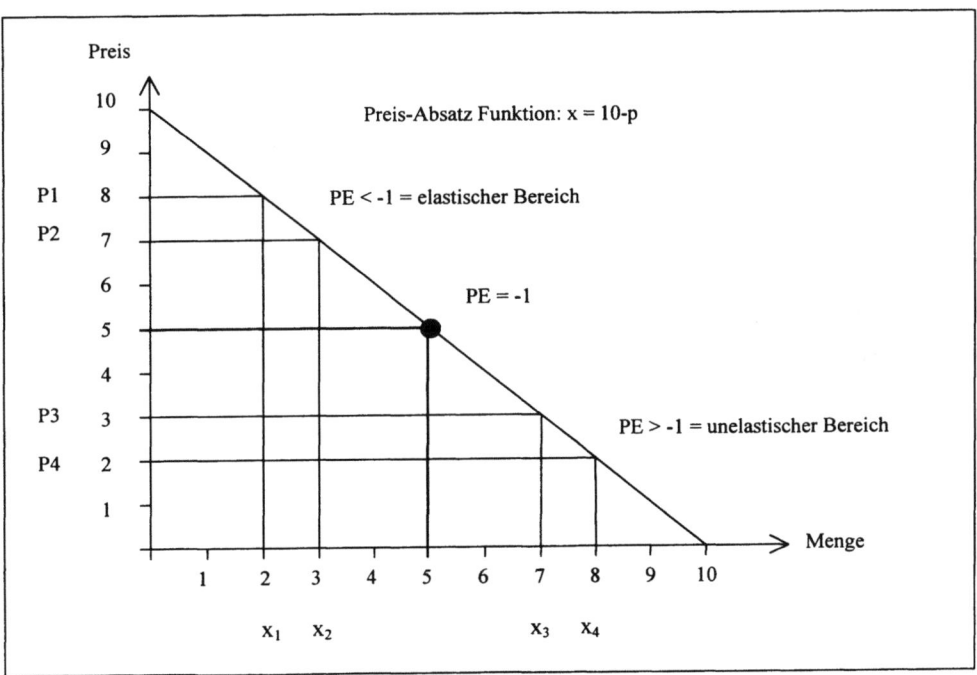

Abbildung 4.10: Preiselastizität der Nachfrage

Berechnet wird die Preiselastizität der Nachfrage (PE) wie folgt:

$$\frac{\dfrac{dx}{x}}{\dfrac{dp}{p}} \text{ bzw. } \frac{dx}{dp} * \frac{p}{x}$$

Geht man in Abbildung 4.10 vom Ausgangspunkt p1 = 8 und x1 = 2 aus, so führt eine Preissenkung um 1 Einheit zu einer Umsatzsteigerung von 5 Einheiten, da der Umsatz von 8*2 = 16 auf 7 (p2) * 3 (x2) = 21 steigt. Wird die gleiche absolute Preissenkung beim Ausgangspunkt p3 = 3 und x3 = 7 durchgeführt, so sinkt der Umsatz um 5 Einheiten (Umsatz vorher: 3 (p3) * 7 (x3) = 21; Umsatz nachher: 2 (p4) * 8 (x4) = 16).

Diese unterschiedliche Entwicklung ist darauf zurückzuführen, daß im ersten Fall die relative Preissenkung (-12,5 %) betragsmäßig kleiner als die relative Mengenveränderung (+ 50 %) war. Im zweiten Fall war das Verhältnis dagegen genau umgekehrt (Preisveränderung: -50 %; Mengenveränderung: + 14,3%).

Allgemein kann man festhalten, daß bei einer elastischen PE (PE < -1) Umsatzsteigerungen durch eine Preissenkung realisert werden können, wohingegen im unelastischen Bereich der Preis-Absatz-Funktion (PE > -1) Umsatzsteigerungen nur durch Preiserhöhungen erreicht werden können.

4.3.4 Aktionshäufigkeit / Aktionsprofil

Die Analyse des Aktionsverhaltens beginnt in der Regel mit einer Betrachtung der in einer Periode durchgeführten Aktionen, wobei es sinnvoll ist, neben der absoluten Anzahl auch die Verteilung auf die verschiedenen Aktionsformen zu erheben. Dies Aufsplittung wird als Aktionsprofil bezeichnet (vgl. Abbildung 4.11).

In der linken Hälfte von Abbildung 4.11 kann man erkennen, daß für Produkt A in den beiden ersten Monaten von 1997 mit 440 die meisten Aktionen durchgeführt wurden. Die Produkte B und C folgen mit 360 bzw. 310 Aktionen. Da der

Erfolg einer Aktion sehr stark von der Art der Maßnahmen abhängig ist, kann aufgrund der bisherigen Angaben noch nicht auf die durch die Aktionen bewirkten Absatzmengen geschlossen werden. Zu diesem Zweck müssen, wie in der rechten Hälfte von Abbildung 4.11 beispielhaft aufgezeigt, die Aktionsprofile für die verschiedenen Produkte erstellt werden.

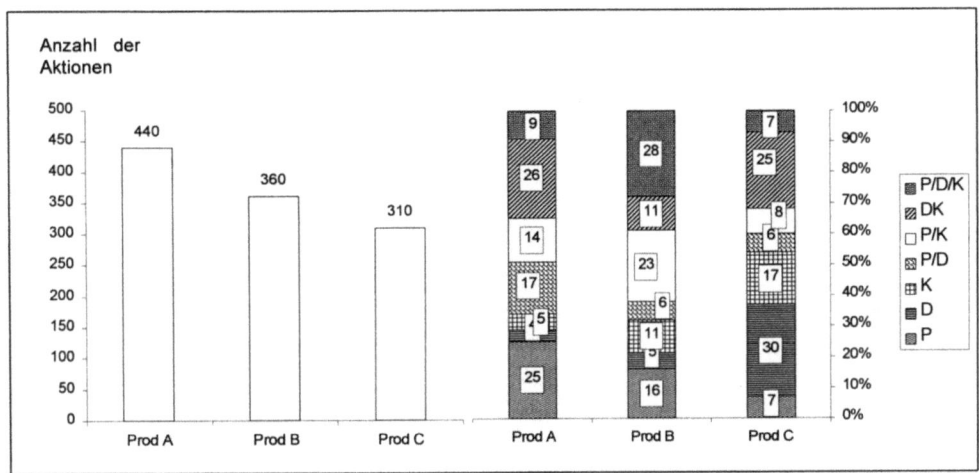

Abbildung 4.11: Aktionshäufigkeit und Aktionsprofil

P = reine Preisaktion, D = nur Display, K = nur Kommunikation (Handzettel, Handelsanzeigen, Plakate etc.)

Durch die Kombination dieser drei Grundformen ergeben sich insgesamt 8 Aktionstypen.

Die Aktionsprofile machen deutlich, daß sich die Aktionsstrategie für die einzelnen Produkte deutlich voneinander unterscheiden. Aktionen für Produkt A erfolgen schwerpunktmäßig entweder als reine Preisaktion (25 %) oder als Kombination aus Display und Kommunikation (26 %). Reine Display- bzw. Kommunikationsaktionen werden dagegen kaum durchgeführt. Eindeutig im Vordergrund steht bei Produkt B die Preisreduktion als Auslöser einer Aktion, wobei allein bei 28 % aller Aktionen alle drei Grundformen zusammen eingesetzt werden. Kommunikativ unterstützte Preisaktionen weisen mit 23 % die zweitgrößte Häufigkeit auf. Der Hersteller von Produkt C verzichtet dagegen weitgehend auf Preisreduktionen. Nur in 28 % der Fälle wird im Rahmen einer Aktion eine Preisreduktion vorgenommen. Die Anteile für die Produkte A und B lagen dagegen bei 65 % bzw. 73 %. Die wichtigste Aktionsform ist für dieses Produkt der Einsatz von Displays, die entweder isoliert (30 %) oder in Verbindung mit kommunikativen Maßnahmen (25 %) eingesetzt werden.

4.4 Übungsaufgaben zu Kapitel 4

Aufgabe 4.1:
Welche Ziele werden mit einer Distributionswanderungsanalyse verfolgt? Wann sollte man unbedingt diese Analyse durchführen?

Aufgabe 4.2:
Welche Gestaltungsmöglichkeiten hat der Marktforscher bei der Durchführung einer Absatzmittleranalyse und worin liegen die Vor- bzw. Nachteile dieser Art der Untersuchung.

Aufgabe 4.3:
Welche Fragestellungen können mit Hilfe der Analyse der Nebeneinanderverwendung beantwortet werden?

Aufgabe 4.4:
Was ist bei der Berechnung der Markentreue zu beachten? Welche Schlußfolgerungen können hieraus für das Marketing gezogen werden?

Aufgabe 4.5:
Auf welchen Annahmen baut das Prognosemodell von Parfitt-Collins auf?

Aufgabe 4.6:

Eine Analyse der Käuferwanderung ergab im ersten Schritt, bezogen auf die Käufer der Produkte A und B, folgendes Ergebnis:

	Produkt A	Produkt B
nur im 1. Halbjahr gekauft	25 %	33 %
im 1. und 2. Halbjahr gekauft	55 %	43 %
nur im 2. Halbjahr gekauft	20 %	24 %

Was besagen die Zahlenangaben und welche weiteren Analyseschritte sollten noch durchgeführt werden?

Aufgabe 4.7:

Welche Möglichkeiten ergeben sich durch die Analyse der Warenkörbe?

Aufgabe 4.8:

Für die Produkte A und B wurden folgende Preis-Absatz-Funktionen ermittelt:

Produkt A: Abverkaufsmenge = 345 - 1,3 * Preis
Produkt B: Abverkaufsmenge = 280 - 0,8 * Preis

Interpretieren Sie die beiden Funktionen.

Wie ist die Bestimmung von Preis-Absatz-Funktionen in der Praxis zu bewerten?

Aufgabe 4.9:

Die Berechnung der Preiselastizität der Nachfrage für die beiden Produkte A und B führte zu folgendem Ergebnis:

Preiselastizität Produkt A: -2,3
Preiselastizität Produkt B: -0,9

Welches Verhalten würden Sie den Anbietern der Produkte A und B empfehlen, wenn diese ihren Umsatz steigern möchten? Begründen Sie Ihre Antwort.

Aufgabe 4.10:
Welche Analyse sollte parallel zur Untersuchung der Aktionshäufigkeit durchgeführt werden? Begründen Sie Ihre Antwort.

5. Auswertungstools

Das mühselige Arbeiten mit gelieferten Papierberichten führte Ende der 80iger Jahre dazu, daß die Institute GfK und A. C. Nielsen PC-gestützte Auswertungstools entwickelten. Für die GfK heißt dieses Produkt Inmarkt Express und die Nielsen Daten werden mit INF*ACT ausgewertet. Beide Tools sind noch heute auf dem Markt vertreten. Parallel dazu hat das amerikanische Marktforschungsunternehmen IRI das Produkt DataServer Analyzer entwickelt. Diese Software wurde 1995 an die Firma Oracle verkauft und wird heute unter dem Namen Oracle Sales Analyzer vertrieben.

Die Auswertungstools sollen die Anwender in die Lage versetzen

- das immer wiederkehrende Reporting (Erstellung immer gleicher Ausdrucke) innerhalb der Unternehmen zu automatisieren,

- dieses Reporting qualitativ zu verbessern,

- zeitliche Vorteile herauszuarbeiten und

- ad hoc Anfragen auch tatsächlich sofort erledigen zu können.

Vielfach werden diese Anforderungen erfüllt und die Auswertungstools sind aus dem täglichen Arbeitsabläufen nicht mehr herauszudenken.

Die Schwerpunkte der Softwaretools sind unterschiedlich gesetzt. Für einen ersten Einblick wird hier das IRI/GfK Tool, der Oracle Sales Analyzer beschrieben.

5.1. Allgemeine Systembeschreibung des Oracle Sales Analyzer

Oracle Sales Analyzer wurde speziell für die Analyse von Marktforschungsdaten entwickelt. Es gehört heute in die Oracle Produktfamilie der sog. OLAP (Online

Analytical Processing) Tools, die neben Sales Analyzer, auch den Financial Analyzer beinhaltet.

Beide Produkte basieren auf der Datenbanksoftware Personal Express. Diese Datenbank weist den Vorteil auf, das nicht nur große Datenmengen problemlos bearbeitet, sondern auch komplexe Berechnungen, wie diese in der Marktforschung üblich sind, ohne lange Antwortzeiten durchgeführt werden können.

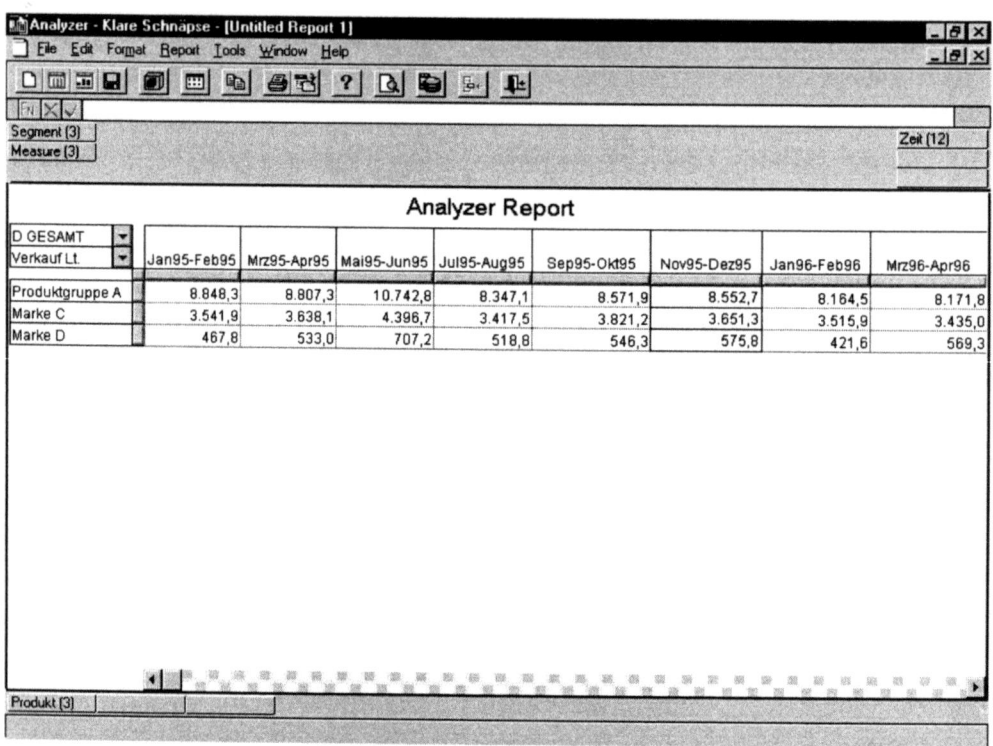

Abbildung 5.1: Standardtabelle Oracle Sales Analyzer

Oracle Sales Analyzer ist ein Windows Produkt, das unter allen gängigen Betriebssystemen installiert werden kann. Analog zu allen anderen Standardprodukten ist die Oberfläche so gestaltet, daß nach kurzer Einarbeitung ein problemloser Umgang mit diesem Tool möglich ist.

In Abbildung 5.1 ist eine Standardtabelle angegeben, wobei diee Artikel im Seitenriss und die Perioden im Aufriß stehen. Geblättert wird durch die Fakts und die Segmente.

Für den Anwender besteht nun die Möglichkeit, mittels „Drag & Drop" alle Dimensionen den Wünschen entsprechend zu positionieren. Oracle Sales Analyzer erlaubt bis zu drei Dimensionen in den Seitenriß zu stellen. Eine Dimension muß im Aufriß verbleiben, damit zumindest eine Wertespalte dargestellt werden kann.

Werden mehr als eine Dimension in den Seitenriß plaziert, so ist der Anwender auch nicht auf eine bestimmte Reihenfolge der Positionierung angewiesen. Auch diese ist dann frei wählbar.

Ein wesentlicher Vorteil dieses Tools ist in der Art der Datenaufbereitung zu sehen. Entgegen anderer Tools, die mit einer eindimensionalen Artikelstruktur arbeiten, ist Oracle Sales Analyzer hierarchisch angelegt. Dies erleichtert dem Anwender nicht nur das Arbeiten mit diesem System, sondern versetzt auch einen nicht „Marktspezialisten" in die Lage, schnell einen Marktüberblick zu erhalten.

Diese Hierarchien können für die Artikelseite folgenden Aufbau haben.

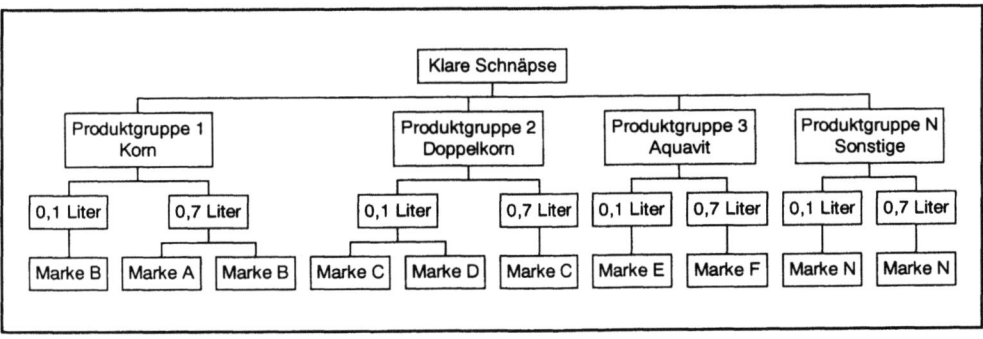

Abbildung 5.2: Artikelhierarchie

Die "Klare Schnäpse" bilden den Gesamtmarkt (Hierarchiestufe 1). In der zweiten Ebene sind die in dieser Warengruppe enthaltenen Produktgruppen hinterlegt, wohingegen die einzelnen Packungsgrößen in der 3. Stufe zu finden sind. Die 4. Stufe erst unterscheidet die einzelnen Marken.

Oracle Sales Analyzer zeigt dem Anwender, ob weitere Stufen pro Artikelzeile vorhanden sind. Am Anfang einer Zeile erscheint entweder ein „-" Zeichen oder ein „+" Zeichen. Das „+" Zeichen verdeutlicht, daß weitere Artikel zu dieser Ebene vorhanden sind, ein „-" Zeichen würde eine Hierarchiestufe wieder schließen.

Diese Hierarchiestufen werden vom Marktforschungsinstitut in Zusammenarbeit mit dem Kunden erstellt. Je nach Sichtweise des Unternehmens, können die Hierarchien natürlich einen anderen Aufbau haben. Werden beispielsweise Herstellerbetrachtungen in den Vordergrund gestellt, könnte sich die in Abbildung 5.4 dargestellte Struktur ergeben.

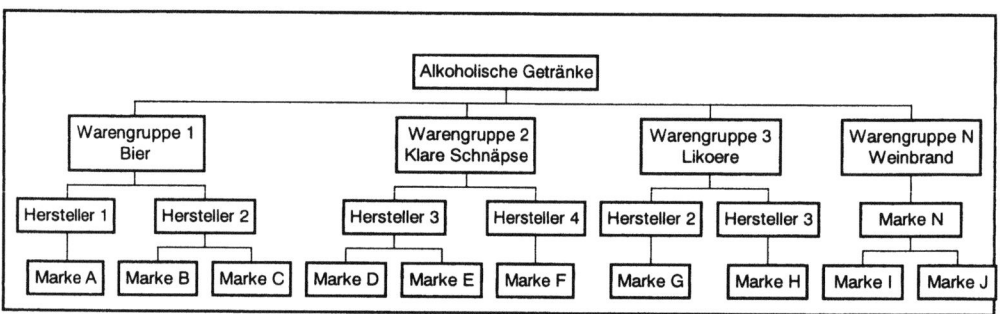

Abbildung 5.3: Hierarchiestufen nach Verpackungsgrößen

Generell ist jede Kombination aus den unterschiedlichen Stufen abbildbar. Aus Kapazitätsgründen sollte der Anwender in Zusammenarbeit mit dem Institut die kundenspezifisch „optimale" Struktur festlegen.

Diese hierarchischen Strukturen, die für die Dimension der Artikel dem Anwender den Umgang mit der Datenbank sehr erleichtern, ist für die anderen Dimensionen ebenfalls aufbaubar. Für die Segmente können die Hierarchien nach den bereits beschriebenen Untergliederungen eines Panels aufgebaut werden.
- Gebiete
- Geschäftstypen
- Key Accounter

Werden diese Dimension mit Hierarchien aufgebaut, können aus den Tabelle heraus die zu einer ausgewählten Hierarchiestufe gehörigen Elemente direkt aufgerufen werden. Es ist dann kein Wechseln in den Selektor notwendig, sondern, wie bei der Auswahl der Artikel, erfolgt der direkte Abruf im Tabellenbild.

Neben dem Arbeiten mit hinterlegten Hierarchien besteht natürlich auch die Möglichkeit zur individuellen Ansprache einzelner Elemente. Oracle Sales Analyzer bietet hierzu eine Vielzahl von Selektionsmöglichkeiten (vgl. Abbildung 5.4).

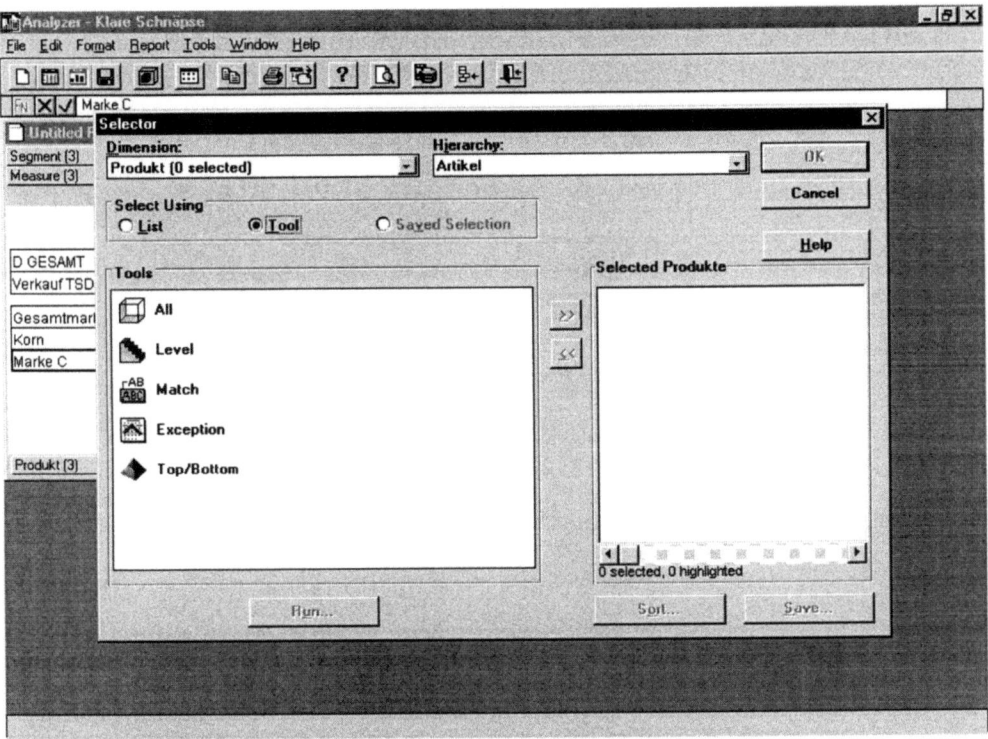

Abbildung 5.4: Selector

Dabei sind die Tools im wesentlichen für jede Dimension identisch, weisen aber auch dimensionstypische Eigenschaften auf.

- *Level (Perioden, Segment)*
  Es können alle einer bestimmten Hierarchie zugehörigen Elemente selektiert werden.

- *Match*

  Mit dem Tool Match können Artikel selektiert werden, die bestimmte Text-komponenten enthalten.

- *Exception*

  Es können Artikel mit bestimmten Ausschlußkriterien selektiert werden. Bei-spielsweise: zeige alle Artikel, deren Verkaufspreis über DM 20,00 liegt.

- *Top/Bottom*

  Selektiert die Elemente nach den besten oder schlechtesten Werten, welche für das ausgewählte Fakt angegeben werden. Mit diesem Tool besteht z. B. die Möglichkeit, sich die Top-10-Artikel einer Periode anzulisten.

Für jede dieser Selektionsmöglichkeiten besteht die nachfolgende Auswahl in der Übernahme der Dimensionswerte:

- *SELECT*

  Es werden alle ausgewählten Elemente übernommen.

- *ADD*

  Alle gewählten Elemente werden zu den sich bereits im Status befindenden Elementen hinzugefügt.

- *KEEP*

  Aus den bereits sich im Status befindlichen Elementen werden nur diejenigen behalten, die gerade selektiert wurden.

- *REMOVE*

  Diejenigen Elemente die selektiert wurden, werden aus den sich bereits im Status befindlichen Elementen entfernt.

Diese kurzen Beispiele zeigen, daß die Selektionsmöglichkeiten sehr vielfältig sind, und den Anwender vor keine allzu großen Probleme stellen wird. Die Se-lektionswege können auch als Liste abgespeichert werden, so daß hierauf in der nächsten Sitzung mit Oracle Sales Analyzer zurückgegriffen werden kann. Diese Eigenschaft erleichert dem Anwender, insbesondere bei Routineabfragen, erheblich die Arbeit.

5.2 Data Source Integrator

Die einzelnen Kunden der Institute haben in der Regel mehr als nur eine Datenbank in Auftrag gegeben. Entweder beziehen sie mehrere Warengruppen, oder eine Warengruppe über unterschiedliche Instrumente. Hieraus wird deutlich, daß i. d. R. auch mehr als eine Datenbank von den Instituten an die Kunden geliefert werden müssen.

Bedingt durch die Systematik der Analysetools kann aber immer nur eine Datenbank im Zugriff des Anwenders sein. Diese fehlende Möglichkeit der gleichzeitigen Analyse mehrerer Datenbanken hat die Firma IRI (Information Resources) erkannt. So wurde im Jahr 1995 zwar der DataServer Analyzer an Oracle verkauft, jedoch die sogenannten Partnerprodukte verblieben im Eigentum von IRI. Anstatt nun eine Datenbank aufzurufen, die notwendigen Informationen zu selektieren und z. B. in Excel zu übertragen, die nächste Datenbank zu öffnen und das gleiche Prozedere nochmals durchzuführen, erleichtert DataSource Integrator dem Anwender die Analysemöglichkeit erheblich.

Auf einen Blick ist nach entsprechender Vorarbeit eine Tabelle zu generieren, die alle gewünschten Informationen aus den unterschiedlichen Datenbanken in der bereits bekannten Oberfläche erkennbar machen.

Die Institute haben durch die Industrie festgelegte Liefertermine für die jeweils aktuelle Periodenlieferung. Wird diese Periode in welcher Form auch immer (Diskette, CD, Modem, Internet) geliefert, muß die durch DataSource Integrator gebildete Datenbank, um genau diese Periode ergänzt werden. Die Systematik dieser Toolkombination erlaubt hier zwei verschieden Möglichkeiten:

- Ist die integrierte Datenbank eine eigenständig erstellte Datenbank, liegt diese also physisch auf einer Festplatte, wird per automatischer Abfrage diese Datenbank upgedated.

- Ist die integrierte Datenbank nur rein logisch vorhanden, werden beim Aufruf dieser Datenbank im „Hintergrund" die jeweils notwendigen Informationen aus den Originaldatenbanken herangezogen.

Die zweite Möglichkeit hat den Vorteil, daß die eigentlichen Daten nicht nochmals in einer separaten Datenbank gehalten werden, da diese redundant wäre. Allerdings kann es hier zu Verzögerungen beim Generieren einer Tabelle kommen, da natürlich aus den unterschiedlichen Datenbanken die einzelnen Informationen abgerufen und miteinander verknüpft werden müssen.

In diese Aufbaumöglichkeiten greift nun die Art der Datenlieferung der Institute erheblich ein. Wurde die aktuelle Periode versendet und in die Originaldatenbank eingelesen, so wird die integrierte Datenbank automatisch aktualisiert. Dies würde bei der ersten Lösung eine separate Programmroutine erfordern, die selbstverständlich im Lieferumfang enthalten ist. Allerdings gibt es hier keine programmgesteuerte Automatik, so daß keine Gewähr für das auch tatsächlich durchgeführte Update gegeben werden kann. Wird nun aufgrund einer gravierenden Marktänderung (z. B. neue Artikel konnten in dem festgelegten Zeitraum nicht geliefert werden) eine Überarbeitung der Daten notwendig, erfolgt auch eine Neulieferung an die Kunden. Wird die Lösung mit der physisch vorhandenen Datenbank gewählt, liegt es in der Verantwortung des Anwenders, die integrierte Datenbank nochmals zu aktualisieren. Im Fall der logisch vorhandenen Datenbank tritt dieses Problem nur in abgeschwächter Form auf.

5.3 Quick View

Insbesondere die international tätigen Konzerne und Firmen, aber in zunehmenden Maße auch die rein national tätigen Unternehmen, benötigen ein Tool zur Distribution der aus der Marktforschung erhältlichen Daten. Es genügt heute bei weitem nicht mehr, in Präsentationsformat die direkt involvierten Mitarbeiter einer Unternehmung mit den neuesten Marktdaten zu konfrontieren. Am Point of Sale, bei Jahresgesprächen und allen anderen Kontakten, nicht nur zwischen Industrie und Handel, werden permanent die aktuellen Marktentwicklungen benötigt. Wie aber können alle relevanten Informationen an die notwendigen Mitarbeiter verteilt werden, wie werden Updates durchgeführt, wie wird auf spezielle Fragestellungen eingegangen? Diese Fragen machen deutlich, daß ein Tool allein nicht die in der Praxis auftretende Komplexität abzudecken vermag.

Zwar setzt Oracle Sales Analyzer hohe Standards für die Analyse von Marktforschungsdaten, jedoch benötigt nicht jeder Anwender die darin enthaltene hohe Flexibilität zur Analyse dieser Daten. Auch sind die unterschiedlichen Formatierungsmöglichkeiten in diesem Stadium der Informationsweitergabe nicht unbedingt erforderlich. Hier kann ein Tool genügen, daß sich auf die Spezifika der Datendarstellung beschränkt. Ein derartiges Tool wurde ebenfalls von IRI entwickelt und ist heute mit dem Oracle Sales Analyzer zur Darstellung der Daten verknüpft.

Die Grundüberlegungen zur Entwicklung dieser Anwendung waren drei elementare Fragestellungen:

- Wie können Daten schnell an den wartenden Adressaten gesendet werden?
- Wie ist es möglich, die Hardwarevoraussetzungen so gering wie möglich zu halten?
- Wie sollte die Oberfläche konzipiert sein, damit möglicherweise anfallender Schulungsaufwand so gering wie möglich gehalten werden kann?

Der Datenversand muß so gestaltet sein, daß nicht permanent die komplette Datenbank an alle Anwender verschickt werden muß, sondern lediglich der für den Anwender relevante Ausschnitt dieser Datenbank erkennbar ist. Dieses Tool wurde zunächst nur für die Ansicht von Tabellen und Graphiken erstellt.

Angezeigt werden innerhalb von Quick View in Oracle Sales Analyzer erstellte Listen in Form von Tabellen und Graphiken. Diese werden mit einem Konvertierungsprogramm in gepackte Dateien umgewandelt, die dann via E-mail oder jeder anderen bekannten Versandform an den Endanwender geschickt werden können. Diese Dateien enthalten nur die Informationen über die anzuzeigenden Elemente als Zeilen und Spalteninformation. Dem Enduser von Quick View ist es daher nicht möglich, Einfluß auf die Gestaltung dieser Tabellen direkt zu nehmen. „Drag and Drop" Funktionen sind in diesem Tool nicht realisierbar, da natürlich kein direkter Zugriff auf die Originaldatenbank erfolgt. Selbstverständlich aber können diese Tabellen gedruckt oder auch an andere Programme übergeben werden.

Diese einfache Möglichkeit der Informationsdarstellung hat den Vorteil, daß keinerlei Schulungen für die Endanwender notwendig werden. Übersichtliche, auf das wesentliche beschränkte Funktionsmöglichkeiten helfen nicht nur den Endusern bei der Informationsweitergabe, sondern auch den hausinternen Marktforschungsabteilungen bei einer schnellen und flexiblen Informationsaufbereitung.

Gleichzeitig wurde die Frage der Hardwareanforderungen elegant gelöst. Aus heutiger Sicht wird lediglich ein PC benötigt, dessen technische Anforderungen erfüllt sind, wenn ein Internet Zugang zur Datenübertragung gegeben ist. Quick View erfordert demnach keine höheren Anforderungen als die eigentliche Datenübertragung, die auch noch via Diskette erfolgen könnte, selbst. Anders ist dies natürlich bei dem oben beschriebenen Analysetool Oracle Sales Analyzer, der permanent einen direkten Zugriff auf die originäre Datenbank benötigt, um auch die Analysemöglichkeiten ganz ausschöpfen zu können.

6. Anhang

6.1 Die Food Warengruppen

Körperpflege	Wasch-, Putz-Reinigungsmittel	Alkoholische Getränke	Alkoholfreie Getränke
Baby-/Kinderpflege	Anzündhilfen	Bier	Bittergetränke
Badezusätze	Backofen-/Herd-reiniger	Klare Schnäpse	Erfrischungsge-tränke
Damenallzweck-creme	Badreiniger	Liköre	Extraktkaffee
Damenduft	Bodenpflege	Radler	Fruchtgetränke
Deomittel	Brillenreiniger	Rum/Rumver-schnitt	Instantkakao
Enthaarungsmittel	Entkalker	Sekt/Cham-pagner	Mineralwasser
Feinseifen	Fein-/Wollwasch-mittel	Sherry	Röstkaffee
Gebisspflege	Fensterreiniger	Softspirituosen	Sportgetränke
Gesichtspflege	Gardinenpflege	Wein	
Gesichtsreiniger	Handgeschirrspül-mittel	Weinbrand/Cognac	
Haarfestiger, Haar-gel	Haushaltsreiniger	Weinhaltige Getränke	
Haarkuren/Haar-spülungen	Küchenrollen	Whisky	
Haarlack	Luftverbesserer		
Haarspray	Maschinengeschirr-spülmittel		
Haartönungen	Möbelpflege		
Haarwaschmittel	Pflanzenpflege		
Hautcremes	Scheuermittel		
Heimdauerwellen	Schuhpflege		
Herrenduft	Stahlpflege		
Intimpflegelotions	Teppichpflege		
Kinder-/Babypflege	Topfreiniger		

Körperpflege	Wasch-, Putz-Reinigungsmittel	Alkoholische Getränke	Alkoholfreie Getränke
Küchenrollen	Vollwaschmittel		
Mundwasser/-Spray/-Spülungen	Wäschepflege		
Papiertaschentücher	Wäscheweichspüler		
Rasierklingen	Wasserenthärter		
Rasierschaum	WC-Reiniger		
Rasierwasser	WC-Steine		
Sonnenschutz			
Toilettenpapier			
Waschlotion			
Windeln			
Zahnbürsten			
Zahncreme			

Süsswaren	Food allgemein	Sonstige
Bonbons	Brotaufstriche	Accessoires Katze
Feingebäck	Butterzubereitungen	Accessoires Hund
Fruchtgummi/Schaum-zucker/Lakritz	Cerealien	Fischfutter/Accessoires
Kaugummi	Feinkost Würzsoßen	Hundefutter nass
Pralinen	Fischkonserven	Hundefutter trocken
Schokolinsen	Frischkartoffeln	Katzenfutter nass
Schokoriegel	Frischkäse	Katzenfutter trocken
Tafelschokolade	Gemüse im Glas	Katzenstreu
	Gemüsekonserven	Vogelfutter/Accessoires/Sand
	Heiltee	
	Kartoffel-/Knödel-/Teigprodukte	
	Kartoffelsalat	
	Ketchup	
	Kondensmilch	
	Margarine	
	Meerrettich	
	Mayo./Remoulade/Salat-creme	

Süsswaren	Food allgemein	Sonstige
	Müsli/Müsliriegel	
	Naßsoßen	
	Nudelfertiggerichte trocken	

Süsswaren	Food allgemein	Sonstige
	Nudelteigwaren	
	Pflanzenfett	
	Pikante+Süße Snacks	
	Reis	
	Schmelzkäse	
	Senf	
	Speiseeis	
	Speise-/Tafelöle	
	Waffelgebäck	

153

6.2 Die Handelslandschaft

Tabelle 6.1: Anzahl Geschäfte in Tausend

Grundgesamtheiten Geschäfte in Tsd.	1982	1983	1984	1985	1986	1987	1988	1989	1990	1991	1992	1993	1994	1995	1996	1997	1998
Verbrauchermärkte	2,0	2,1	2,2	2,3	2,4	2,5	2,5	2,6	2,6	2,7	3,1	3,4	6,0	6,2	6,6	6,8	7,1
Discounter (ohne Aldi)	2,9	3,1	3,4	3,7	4,0	4,3	4,5	4,7	5,1	5,3	6,3	7,1	7,7	8,1	8,7	9,1	9,7
Traditioneller LEH	81,0	76,8	73,5	70,2	67,6	64,8	62,1	59,6	57,2	54,4	71,9	66,3	60,7	57,9	54,1	51,3	48,5
-- bis 199 qm							50,0	47,2	44,4	41,2	55,8	49,7	46,5	44,0	40,7	38,4	36,2
-- 200 qm bis 399 qm							6,9	7,1	7,1	7,2	8,3	8,4	8,4	8,2	7,8	7,5	7,1
-- 400 qm und mehr							5,1	5,4	5,7	6,1	7,9	8,3	5,9	5,8	5,6	5,4	5,3
LEH Gesamt	85,9	82,0	79,1	76,2	74,0	71,6	69,1	66,9	64,9	62,4	81,3	76,8	74,4	72,2	69,4	67,2	65,3
Drogerie-/Parfümerie-Fachhandel					11,7	11,7	11,8	12,0	12,2	12,5	16,1	16,7	17,6	17,9	18,3	18,5	18,9
Drogeriemärkte (excl. Schlecker)				1,20	1,29	1,80	1,89	2,00	2,12	2,21	2,56	2,79	2,93	3,01	3,13	3,24	3,27
Schlecker				1,03	1,25	1,50	1,75	2,00	2,25	2,50	3,00	3,50	4,25	4,90	5,65	6,07	6,72
Drogeriemärkte (incl. Schlecker)				2,23	2,54	3,30	3,64	4,00	4,37	4,71	5,56	6,29	7,18	7,91	8,78	9,31	9,99
Aldi				1,85	1,90	1,95	2,00	2,05	2,15	2,25	2,35	2,39	2,50	2,75	2,95	3,05	3,05
Discounter incl. Aldi				5,55	5,90	6,25	6,50	6,75	7,25	7,55	8,65	9,49	10,20	10,85	11,65	12,15	12,75
Kauf-Warenhäuser				0,74	0,75	0,73	0,72	0,69	0,70	0,72	0,77	0,78	0,75	0,75	0,74	0,71	7,70
Getränkeabholmärkte				7,04	6,99	6,99	7,20	7,20	7,20	7,20	8,25	8,65	8,85	8,91	9,03	9,06	9,06
C & C Betriebe				0,36	0,35	0,35	0,34	0,34	0,33	0,32	0,34	0,36	0,37	0,38	0,39	0,39	0,40
Gesamtmarkt				86,2	95,7	93,3	91,2	89,2	87,5	85,4	109,1	105,7	104,5	102,9	100,8	98,9	97,4

Grundgesamtheiten	1982	1983	1984	1985	1986	1987	1988	1989	1990	1991	1992	1993	1994	1995	1996	1997	1998
Umsatz in Mrd. DM																	
Verbrauchermärkte	25,3	27,7	30,3	32,5	34,6	37	39,4	41,7	44,2	48,4	58,3	65,4	91,3	90,5	91,2	91,5	95,3
Discounter (ohne Aldi)	9	9,8	10,8	11,7	12,5	13,2	13,9	14,5	15,8	17,5	21,5	27	30,4	33,6	35	36,9	38,9
Traditioneller LEH	78,6	78,8	80	81,1	82	82	81,7	81,7	82,7	86,3	111,2	108,1	97,9	75,5	70,5	66,3	62,0
-- bis 199 qm							24,5	22,8	20,9	19,9	29,5	24,6	22,2	21,1	19,7	18,7	17,5
-- 200 qm bis 399 qm							15,2	15	14,3	14,7	17,4	17,0	16,6	16,3	15,7	15,1	14,4
-- 400 qm und mehr							42,0	43,9	47,5	51,7	64,3	66,5	41,4	38,1	35,1	32,5	30,1
LEH Gesamt	112,9	116,3	121,1	125,3	129,1	132,2	135	137,9	142,7	152,2	191	200,5	219,6	199,6	196,7	194,7	196,2
Drogerie-/Parfümerie-Fachhandel					9,1	9,6	10,1	10,6	11,0	11,6	16,4	18,0	19,3	20,2	21,1	21,6	22,9
Drogeriemärkte (excl. Schlecker)				2,85	3,35	4,23	4,40	4,78	4,95	5,20	6,00	6,80	7,15	7,35	7,70	7,90	8,6
Schlecker				1,15	1,3	1,5	1,7	1,85	2,05	2,35	2,9	3,4	4,1	4,8	5,5	5,9	6,5
Drogeriemärkte (incl. Schlecker)				4,00	4,65	5,73	6,20	6,63	7,00	7,55	8,90	10,20	11,25	12,15	13,20	13,80	15,1
Aldi				15,5	17	18	19	20	21,5	23,5	25	26	26,3	28,7	30,5	32	32,5
Discounter incl. Aldi				27,2	29,5	31,2	32,9	34,5	37,3	41,0	46,5	53,0	56,7	62,3	65,5	68,9	71,4
Kauf- Warenhäuser				27,2	27,4	27,9	28,2	28	28,5	31,2	33,7	35	35,5	33,7	31,2	30	28,9
Getränkeabholmärkte				3	3	3	3,2	3,6	3,9	4,1	5,1	5,9	6,1	6,2	6,1	6,1	5,9
C & C Betriebe				16,6	15,8	16	16	16,2	16,2	17,5	18,4	19,4	20,6	21,3	21,9	22,2	22,7
Gesamtmarkt				187,6	201,4	206,7	211,5	216,3	223,8	240,1	289,6	304,8	327,4	309,7	307,5	306,6	309,1

Musterlösungen

Aufgabe 1.1:
Ein Panel ist ein spezielle Form der Datenerhebung, bei der

- der stets gleiche Sachverhalt
- zu den stets gleichen Zeitpunkten
- bei der gleichen Stichprobe
- auf die gleiche Art und Weise

erhoben wird. Nur wenn alle vier Kriterien erfüllt sind, spricht man von einem Panel.

Aufgabe 1.2:
Unter Panelsterblichkeit versteht man den Austausch von Stichprobenelementen in einem Panel. Diese kann einerseits durch die Schließung eines Geschäfts im Handelspanel oder durch den Umzug eines Panelteilnehmers im Rahmen eines Verbraucherpanels notwendig werden. Der größte Teil der Panelsterblichkeit entsteht bei Verbraucherpanels aber durch die Beendigung der Teilnahme einzelner Panelteilnehmer, die kein Interesse an einer weiteren Zusammenarbeit mit dem Marktforschungsinstitut haben. Eine geringe Panelsterblichkeit ist ein wichtiges Qualitätskriterium, da nur dann unverzerrte Aussagen möglich sind, wenn die Stichprobe weitgehend unverändert bleibt.

Aufgabe 1.3:
Da bei einem Panel immer die gleichen Untersuchungseinheiten nach den gleichen Inhalten gefragt werden, kann ein Panel nicht verwendet werden, wenn durch die Befragung das Verhalten verändert wird. Sehr deutlich wird dies am Beispiel der Werbeerfolgskontrolle, die nur dann sinnvoll zu interpretieren ist, wenn die Stichprobenelemente bei jeder Erhebung vollständig ausgetauscht werden. Durch die Befragung zu bestimmten Werbemaßnahmen werden die Proban-

den sensibilisiert, was dazu führt, daß sie ihr Verhalten verändern und gezielter als vorher nach diesen Werbemaßnahmen Ausschau halten.

Aufgabe 1.4:

Ein Befragungspanel ist in der Regel kein „echtes" Panel, da nicht alle vier Anforderungskriterien (vgl. Aufgabe 1.1) erfüllt sind. Einerseits erfolgen die Erhebungen nicht in gleichbleibenden Intervallen, andererseits ändern sich die Erhebungsinhalte von Studie zu Studie. Gemeinsam ist lediglich die gleichbleibende Stichprobe, die bei Befragungspanels aber in erster Linie benötigt wird, um ein möglichst genaues Bild von den Probanden zu erhalten. Dadurch wird es möglich, auch kleine Zielgruppen relativ genau anzusteuern.

Aufgabe 1.5:

Alle Panels bestehen aus den Elementen: Grundgesamtheit, Stichprobe, Erhebung und Art der Hochrechnung. Sind diese Dimensionen genau beschrieben ist auch das Panel eindeutig definiert.

Aufgabe 1.6:

Die Differenzierung erfolgt in erster Linie über die Zugehörigkeit zu Handelsorganisationen bzw. über die Verkaufsfläche. Beispielsweise ist ein Abgrenzungskriterium des Traditionellen Lebensmittelhandels, daß diese Geschäfte eine maximale Verkaufsfläche von 800 qm haben. Weniger geeignet ist dagegen der Umsatz als Differenzierungsmerkmal, da dieser in den einzelnen Geschäften starken Schwankungen unterliegt.

Aufgabe 1.7:

Zur Bestimmung der Grundgesamtheit eines Einzelhandelspanels werden amtliche Statistiken, Veröffentlichungen der Handelsunternehmen sowie Filialverzeichnisse der Filialunternehmen herangezogen. Eine weitere wichtige Informationsquelle stellen die Lieferadressen der Markenartikler dar, wenn diese den Instituten zur Verfügung gestellt werden. Allerdings ist keine Informationsquelle umfassend, so daß auf der Grundlage aller zur Verfügung stehender Informationen die Grundgesamtheit gebildet werden muß.

Aufgabe 1.8:
Eine Stichprobe ist repräsentativ, wenn sie den Schluß auf die Grundgesamtheit zuläßt. Dies ist dann der Fall, wenn eine Rechenvorschrift existiert, die dazu führt, daß der Mittelwert aller möglichen Stichprobenmittelwerte dem Mittelwert der Grundgesamtheit entspricht. Repräsentativ bedeutet allerdings nicht, daß die Stichprobe ein verkleinertes Abbild der Grundgesamtheit sein muß, wie häufig in der Literatur geschrieben wird.

Aufgabe 1.9:
Das Maß zur Messung der Genauigkeit einer Stichprobe ist die Stichprobenstandardabweichung, die die theoretische Standardabweichung aller möglichen Stichprobenmittelwerte zum Ausdruck bringt. Dieser Wert wird von folgenden Faktoren beeinflußt:

- Größe der Grundgesamtheit,
- Stichprobenumfang,
- Streuung des zu schätzenden Merkmals,
- Einteilung der Grundgesamtheit in Schichten,
- Anzahl der Stichprobenelemente pro Schicht.

Aufgabe 1.10:
Eine proportionale Schichtung bedeutet, daß in der Stichprobe die gleiche Struktur wie in der Grundgeamtheit vorliegt. Diese Vorgehensweise ist allerdings für die Stichprobenerstellung eines Einzelhandelspanels aus folgenden Gründen nicht sinnvoll:

- In großen Geschäften streuen die Merkmalswerte üblicherweise absolut betrachtet stärker, als in kleineren Geschäften. Zur Verringerung der Stichprobenstandardabweichung sollten deshalb große Geschäfte überproportional in der Stichprobe vertreten sein.

- Die großen Geschäfte sind für die Hersteller viel wichtiger, da dort wesentlich höhere Abverkaufszahlen realisiert werden können. Darüber hinaus werden neue Produkte in der Regel zunächst in großen Geschäften angeboten. Beides spricht für eine überproportionale Berücksichtigung der großen Geschäften in der Stichprobe, damit diese genauer dargestellt werden können.

Aufgabe 1.11:
Aufgrund der später benötigten Auswertungen und der spezifischen Gegebenheiten in den verschiedenen Segmenten werden bei der Stichprobenbildung für ein Einzelhandelspanel folgende Quotierungskriterien herangezogen:

- Geschäftstyp,
- Geschäftsgröße,
- Gebiet,
- Handelsorganisation / Vertriebsschiene.

Aufgabe 1.12:
Die Inventurmethode war früher die typische Erhebungsform im Rahmen von Handelspaneln. Hierbei wurden die Bestände sowie die Preise in den Stichprobengeschäften körperlich erfaßt. Zusätzlich wurden die Einkäufe der Geschäfte mit Hilfe der Rechnungsbelege nachvollzogen. Die Abverkäufe ergaben sich anschließend mit Hilfe der Inventurgleichung:

Verkäufe (t) = Bestand (t-1) + Einkäufe (t) - Bestand (t)

Der Hauptnachteil dieser Methode ist in der sehr aufwendigen Erfassung der Bestände und der Preise zu sehen. Für größere Geschäfte waren bis zu 200 Stunden für die Erhebung notwendig. Der hohe Zeitbedarf führte zu hohen Kosten, so daß bereits Mitte der 80 ziger Jahre mit Hilfe eines Austauschs von Datenträgern ein Teil der Erhebung automatisch erfolgte.

Aufgabe 1.13:
Die typischen Preisprobleme in einem Handelspanel kommen daher, daß auch heute noch in vielen Geschäften mit der Inventurmethode gearbeitet wird, d. h., die Preise werden am Erhebungstag erfaßt und als Durchschnittspreis für alle Abverkäufe in der Erhebungsperiode unterstellt. Dieses Verfahren, das häufig nicht anders gestaltet werden kann, über- bzw. unterschätzt den tatsächlichen Preis, wenn im Erhebungszeitraum Aktionen stattgefunden haben. Liegt die Aktion außerhalb des Erhebungszeitpunkts, wird der Preis in der Regel überschätzt, wohingegen ein zu niedriger Preis ausgewiesen wird, wenn am Erhebungszeitpunkt der Aktionspreis gilt.

Aufgabe 1.14:
Bei der Datenerhebung in einem Verbraucherpanel unterscheidet man vier Methoden:

- Kalendermethode
  Bei der Kalendermethode bekommen die Panelteilnehmer regelmäßig Berichtsbögen zugesandt, in die sie ihre Einkäufe eintragen sollen. Pro Artikel sind hierbei folgende Angaben zu machen:
  - Einkaufsdatum,
  - Einkaufsstätte,
  - Marke und / oder Hersteller,
  - Packungsinhalt,
  - Anzahl der gekauften Artikel,
  - Stückpreis,
  - event. Sonderangaben wie
    Verwendungszweck, Plazierung im Handel, etc..

Vorteilhaft ist an dieser Methode, daß sie ohne Technik auskommt. Dies betrifft einerseits die Artikel, die hierbei keinen EAN-Code benötigen, als auch die Panelteilnehmer, bei denen zumindest die älteren Mitglieder nicht unbedingt einen Bezug zu einer elektronischen Erfassung der Artikel haben.

Nachteilig ist aber der hohe Zeitaufwand sowohl bei den Panelteilnehmern als auch im Institut. Es geht sehr viel Zeit durch den Postweg und die im Institut vorzunehmende Datenerfassung verloren, in der die Informationen nicht genutzt werden können.

- POS-Scanning
  Beim POS-Scanning bekommen die Panelteilnehmer eine Identifikationskarte, die sie beim Einkaufen in den kooperierenden Geschäften vor dem Bezahlen vorzeigen. Dadurch können die Einkäufe personengenau (besser: kartengenau) festgehalten werden.

  Der Vorteil dieser Methode ist in der geringen Belastung der Panelteilnehmer zu sehen, wohingegen die Abhängigkeit vom EAN-Code und der Verfügbarkeit von Scannerkassen zur Zeit in Deutschland immer noch ein großes Problem darstellt. Aus diesen Gründen findet man das POS-Scanning zur Zeit auch nur im Rahmen von Testmärkten.

- Inhome-Scanning
  Beim Inhome-Scanning bekommt der Panelteilnehmer ein elektronisches Gerät, mit dessen Hilfe er die Einkäufe erfassen soll. Hierzu müssen die Einkaufsstätte und der Preis per Hand eingegeben werden, wohingegen der Artikel mit Hilfe des EAN-Codes erfaßt werden kann.
  Problematisch wird diese Vorgehensweise, wenn der eingekaufte Artikel keine EAN-Nummer hat. In diesen Fällen muß der Barcode aus einem Codebuch übernommen werden. Da in Deutschland relativ viele Artikel nicht mit einer EAN-Nummer ausgestattet sind (Frischewarengruppen, Aldi-Artikel etc.), ist diese Methode relativ umständlich und bedeutet somit für den Panelteilnehmer eine hohe Belastung. Auf der anderen Seite erleichtert das Gerät, im Vergleich mit dem Kalender, die Arbeit für alle Beteiligten. Für den Panelteilnehmer

geht die Erfassung schneller, das Institut profitiert dadurch, daß die Daten per Fernleitung ins Institut kommen, was schneller und kostengünstiger ist, als die Versendung mit der Post.

- Electronic Diary
  Das Electronic-Diary-Gerät ist eine Weiterentwicklung des Inhome-Scanning-Gerätes. Die Zielsetzung war hierbei, das Codebuch in das Gerät zu integrieren. Dadurch wird die Arbeit der Panelteilnehmer erleichtert, was automatisch zu besseren Daten führt, andererseits können neue Artikel über die Telefonleitung in das Gerät übertragen werden. Auch diese Eigenschaft bedeutet eine deutliche Weiterentwicklung gegenüber dem Inhome-Scanning, da dort bei neuen Artikeln neue Codebücher gedruckt und verschickt werden müssen.

Aufgabe 1.15:
Die Coverage gibt an, wieviel Prozent des Gesamtmarktes durch ein Panel abgebildet wird. Messen kann die Coverage praktisch jeder Hersteller, indem er seine Verkaufsmengen mit den in den Panels ausgewiesenen Werten vergleicht.

Mögliche Einflußfaktoren auf die Coverage sind beispielsweise:

- Ausschluß bestimmter Marktsegmente im Panel,
- Geschäfte seitens des Handels mit dem Ausland,
- Erhebungsfehler,
- Auswertungsfehler.

Weitere Einflußfaktoren auf die Coverage sind:

- die Warengruppe, der der Artikel angehört,
- die Verpackungsform,
- die Packungsgröße.

Aufgabe 1.16:

Der erste Hochrechnungsfaktor wird benutzt, wenn das Fakt das Ergebnis einer ja : nein-Frage ist. Dies ist in erster Linie bei den Distributionswerten der Fall. Aus diesem Grund wird dieser Hochrechnungsfaktor als „Hochrechnungsfaktor Distribution" bezeichnet. Berechnet wird diese Größe, indem das Verhältnis zwischen der Anzahl der Geschäfte in der Grundgesamtheit in der Hochrechnungszelle und der entsprechenden Stichprobengeschäfte gebildet wird. Dieser Vorgang muß für jede Hochrechnungszelle durchgeführt werden.

Der zweite Hochrechnungsfaktor wird für die Hochrechnung von mengenabhängigen Ergebnissen benötigt und ergibt sich als Quotient aus dem relevanten Umsatz der Grundgesamtheit in der Hochrechnungszelle a und dem Umsatz, der in der Stichprobe in der Zelle a realisiert werden konnte.

Aufgabe 2.1:

Das Food Panel umfaßt neben einer Vielzahl von Lebensmitteln auch die Produkte, die typischerweise in einem Lebensmittelgeschäft zu finden sind, wie beispielsweise Waschmittel, Körperpflegeartikel oder Putzmittel. Im Non Food Panel findet man dagegen langlebige Gebrauchsgüter wie Braune oder Weiße Ware, Möbel, Schmuck oder Artikel aus dem Bereich Photographie.

Aufgabe 2.2:

Die Verbraucherpanels gliedern sich in die Haushalts- und in die Individualpanels. In einem Haushaltspanel werden Artikel erfaßt, die in der Regel für den gesamten Haushalt eingekauft werden (Waschmittel, Brot, Mineralwasser etc.). Artikel für den persönlichen Gebrauch, wie z. B. Kosmetikartikel, werden dagegen mit Hilfe eines Individualpanels erhoben.

Aufgabe 2.3:

Scannerpanels basieren auf Daten, die an der Kasse mit Hilfe einer Scannerkasse erfaßt werden. Der große Vorteil dieser Methode ist darin zu sehen, daß zu jeder

Verkaufsmenge der aktuelle Preis bekannt ist. Im „klassischen" Handelspanel, in dem auch heute noch in vielen Fällen die Erfassung der Preise manuell an einem bestimmten Zeitpunkt geschieht, werden die Preise sehr häufig zu hoch ausgewiesen. Ein weiterer Unterschied liegt darin, daß bei Scannerpanels normalerweise die Instoreaktivitäten in den Märkten ebenfalls erfaßt werden, um tiefergehende Aktionsanalysen durchführen zu können.

Aufgabe 2.4:
Im Rahmen von Anzeigenpanels wird erfaßt, in welchem Maße der Handel bestimmte Artikel in Aktionen anbietet. Hierzu wird festgehalten, wer, wann, in welchem Medium, in welcher Größe und zu welchem Preis ein Produkt anbietet.

Aufgabe 2.5:
Unter integrierten Panels versteht man Analyseinstrumente, die quasi aus mehreren Panels bestehen und die zu einem einheitlichen Bericht im Institut zusammengeführt werden. Die bekanntesten integrierten Panels sind die Panel System Forschung von der GfK, dort werden Handels- und Verbraucherpanel- sowie Paneldaten aus der Anzeigenstatistik zusammengeführt sowie Nielsen Single Source von A.C. Nielsen. Dort erfolgt die Kombination von Verbraucher- und Mediadaten.

Aufgabe 2.6:
Das Fernsehzuschauerpanel unterscheidet sich in einer ganzen Reihe von Punkten von anderen Panels. Dies sind u.a.:

- Die Daten, die im Rahmen dieses Panels erhoben werden, gehören nicht der GfK und somit dem durchführenden Institut, sondern der Arbeitsgemeinschaft Fernsehforschung (AGF).
- Die Daten des Fernsehzuschauerpanels dienen als Leistungsnachweis für die Fernsehwerbung.
- Die Berechnung einer Coverage ist nicht möglich.

- Die Daten des Fernsehzuschauerpanels haben für ihren Bereich Währungscharakter, da es in Deutschland keine Alternative zu diesen Zahlen gibt.
- Die Erhebung findet schon seit die Gründung dieses Panels auf technischem Wege statt.

Aufgabe 2.7:
Die wichtigsten Fakts des Fernsehzuschauerpanels sind:

- Absolute Reichweite:
  Die absolute Reichweite gibt die gesamte Nutzung von TV insgesamt, eines Senders oder einer Sendung an.
- Durchschnittliche Reichweite:
  Bezieht man die absolute Reichweite auf die gesamte, theoretisch mögliche Reichweite, ergibt sich die relative bzw. die Durchschnittsreichweite.
- Einschaltquote:
  Wird die Reichweite auf Haushaltsebene berechnet, bekommt man die Einschaltquote.
- Sehbeteiligung:
  Die Sehbeteiligung bestimmt man, indem man die Reichweite auf Personenebene berechnet.
- Nettoreichweite:
  Werden bei der Berechnung der Reichweite die Personen, die das TV-Angebot weniger als eine Minute zusammenhängend genutzt haben, vernachlässigt, ergibt sich die Nettoreichweite.
- Durchschnittliche Sehdauer in Minuten:
  Dieses Fakt gibt an, wie lange eine Person oder ein Haushalt im Durchschnitt das TV-Angebot nutzt.
- Marktanteil:
  Anteil eines Senders an der personenbezogenen Fernsehnutzung in einem Betrachtungszeitraum.

- Tausendkontaktpreis:
Der Tausendkontaktpreis (TKP) gibt an, wieviel ein Werbetreibender investieren muß, um mit einem 30-Sekundenspot 1.000 Personen zu erreichen.

Aufgabe 2.8:
Telerim kann sowohl in Bad Kreuznach als auch in Buxdehude durchgeführt werden. In diesen beiden Orten bestehen Kooperationsverträge zwischen den Händlern und A.C. Nielsen, so daß dort die Einkäufe der Testhaushalte mit Hilfe einer Identifizierungskarte erfaßt werden können. In beiden Städten gibt es jeweils 1.000 Testhaushalte, die ca. 80 % ihres Bedarfs über die Testgeschäfte abdecken. Neben POS-Aktivitäten und Printwerbung in Publikumszeitschriften des Bauer-Verlags, kann auch Kinowerbung sowie TV-Werbung im ZDF und in SAT.1 getestet werden. Typische Testfragestellungen sind:

- Wie wirkt die neue TV-Kampagne?
- Wie tragfähig ist die Neuproduktentwicklung?
- Wie reagieren die Kunden auf eine Preisveränderung?

Aufgabe 2.9:
Die Hauptunterschiede zum Konsum- und Gebrauchsgüterbereich liegen in den hohen Investitionssummen, der langen Lebensdauer der Produkte sowie im Kaufentscheidungsprozeß. Trotzdem bilden Paneldaten auch in diesem Bereich eine wichtige Grundlage für Markt- und Konkurrenzanalysen. Typische Fragestellungen sind zum Beispiel:

- Welches Image haben die verschiedenen Anbieter?
- Welche Investitionsentscheidungen planen die Kunden in der nächsten Planungsperiode?
- Nach welchen Kriterien treffen die Kunden ihre Investitionsentscheidungen?

Aufgabe 2.10:
Bei internationalen Panels sind insbesondere folgende Unterschiede zu berücksichtigen:

- Sprachliche Unterschiede:
  Bei der Übersetzung der Fragebögen sind insbesondere umgangssprachliche Besonderheiten zu berücksichtigen. Um einen möglichst hohen Sicherheitsgrad zu erreichen. Sollten die Übersetzungen von anderen Personen wieder zurückübersetzt werden. diese Nachübersetzung kann dann mit dem Originalfragebogen verglichen werden.
- Landestypische Unterschiede:
  Unter diesen Punkt fallen beispielsweise die Versorgung der Haushalte mit Telefonen sowie die Güte der Unterlagen über die Grundgesamtheiten.
- Inhaltliche Unterschiede:
  Begriffsdefinitionen, Berichtsrhythmen etc. sind in diesem Bereich zu überprüfen.
- Methodische Unterschiede:
  Letztendlich ist es auch wichtig, daß bei internationalen Studien keine Verzerrungen durch methodisch bedingte Unterschiede auftreten.

Aufgabe 3.1:
Unabhängig von der Art des Panels kann man immer die vier Dimensionen

- Artikel,
- Periode,
- Segment,
- Fakt

unterscheiden.

Aufgabe 3.2:
Der EAN-Code (European Article Number) dient der eindeutigen Identifizierung

von Produkten. Je nach Größe des Produkts wird eine 13- bzw. eine 8-stellige Nummer verwendet. Bei der 13-stelligen Nummer besteht folgende Aufteilung:

1. und 2. Stelle:	Ländercode für das Herkunftsland,
3. - 7. Stelle:	Nummer des ausgebenden Betriebes,
8. - 12. Stelle:	individuelle Artikelnummer,
13. Stelle:	Prüfziffer.

Aufgabe 3.3:
Das Problem mit den Key-Accounts ist darin zu sehen, daß sich dort während des Jahres immer wieder Veränderungen ergeben. Einerseits wechseln Outlets ihre Zugehörigkeit zu einer Handelsorganisation (beispielsweise kauft die Spar AG Geschäfte von Tengelmann), andererseits werden Outlets geschlossen bzw. es kommen neue Geschäfte hinzu. Um aber zumindest innerhalb eines Jahres eine konstante Stichprobe zu haben, werden diese Veränderungen im Panel nicht berücksichtigt. Jedes Jahr wird die Aufteilung auf die Key-Accounter neu definiert und dann für das gesamte Jahr beibehalten. Beim Ausweis der Regionen tritt dieses Problem nicht auf, da es sich dort um eine konstante geographische Aufteilung des Marktes handelt.

Aufgabe 3.4:
Das Kennzeichen rollierender Jahre ist es, daß immer ein gesamtes Jahr betrachtet wird, wobei von der aktuellen Periode aus rückwärts kumuliert wird. Diese Vorgehensweise hat den Vorteil, daß bei Vergleichen immer ganze Jahre miteinander verglichen werden, so daß saisonale Effekte weitgehend eliminiert werden können.

Aufgelaufene Jahre geben dagegen die aktuelle Entwicklung von der Startperiode des Geschäftsjahres bis zur aktuellen Periode wieder. Beginnt das Geschäftsjahr im Januar, wird von der 1. Jahresperiode bis zur jeweils aktuellen Periode kumuliert. Beginnt das Geschäftsjahr zum Beispiel im September, dann bezieht sich die Aggregation auf den Zeitraum zwischen September und der aktuellen Periode. Die aufgelaufenen Jahre erlauben einen Vergleich der bisher im (Geschäfts-) Jahr erreichten Marktwerte.

Aufgabe 3.5:

Zur Berechnung der Bestände in kumulierten Perioden gibt es keine eindeutige Rechenvorschrift. In der Praxis werden zwei Verfahren eingesetzt. Die eine Variante ist, daß als Bestand für die kumulierte Periode der Bestand aus der letzten Periode angenommen wird. Dies ergebe einen Bestand für das Kumulat aus den drei Perioden von 100 Einheiten.

Will man dieser Vorgehensweise nicht folgen, kann man auch den Durchschnitt aus den Beständen in den relevanten Perioden bilden. Nach dieser Berechnungsart ergibt sich:

$$(200 + 500 + 100) / 3 = 266.67 \text{ Einheiten.}$$

Der Unterschied macht deutlich, daß man den Zusammenhang zwischen Methode und Ergebnis bei der Interpretation der Daten berücksichtigen muß.

Aufgabe 3.6:

Produkt A kann in der betrachteten Periode eine Gesamtdistribution von 34/69 erreichen, d. h., Produkt A ist in 34 Prozent aller Geschäfte aus der Grundgesamtheit vertreten und diese Geschäfte erwirtschaften 69 % des gesamten Warengruppenumsatzes. Verkauft wurde Produkt A allerdings nur in 26 % aller Geschäfte, wobei sich dieser Wert auch auf die Grundgesamtheit bezieht. Gemessen an den 34 Prozent Gesamtdistribution bedeutet dies, daß in rund 24 % der Geschäfte, in denen Produkt A vertreten war, in der Periode kein Verkauf stattgefunden hat. Die Distributionslücke verdeutlicht, daß Probleme bei der Warenversorgung vorliegen, wobei es sicherlich bedenklich ist, daß es sich hierbei primär um umsatzstarke Geschäfte handelt.

Produkt B kann zwar nicht so einen hohen Distributionsgrad wie Produkt A erreichen, wird dafür aber in nahezu allen Geschäften verkauft. Relativ hoch sind die Distributionslücken. In 6 % aller Geschäfte der Grundgesamtheit fehlte Produkt B bei der Erhebung. Gemessen an der numerischen Gesamtdistribution von 29 Prozent, sind dies immerhin 20,7 %. D. h., in jedem fünften Geschäft, in dem Produkt B verkauft werden könnte, gibt es Probleme mit dem Nachschub. Diese Zahlen müßten zu intensiven Analysen beim Verkauf führen, da hier ein großes Umsatzpotential verloren geht.

Aufgabe 3.7:
Mit Hilfe der normierten Verkaufszahlen, die sich auf die Durchschnittsverkäufe pro führenden oder verkaufenden Geschäft beziehen, soll ein Vergleich zwischen zwei Produkten oder ein Zeitvergleich für ein Produkt unabhängig vom Einfluß der Distribution ermöglicht werden. Für Produkte, die primär in umsatzstarken Geschäften distribuiert sind, werden sich in der Regel höhere durchschnittliche Abverkäufe ergeben, als für in kleinen Geschäften stehenden Artikel.

Aufgabe 3.8:
Die Käuferreichweite gibt an, wieviel Prozent aller Panelteilnehmer in der betrachteten Periode ein bestimmtes Produkt mindestens einmal gekauft haben. Dieses Fakt gibt somit an, wieviel Käufer bisher mit dem Produkt erreicht werden konnten. Die Käuferpenetration bezieht die Käufer eines Produkt dagegen nicht auf alle Panelteilnehmer, sondern nur auf die Käufer der entsprechenden Warengruppe. Dadurch ergibt sich für die Käuferpenetration fast immer ein größerer, aber nie ein kleinerer Wert als für die Käuferreichweite.

Die Berechnung der Käuferpenetration ist insbesondere dann sinnvoll, wenn es sich um Produkte handelt, die ganz spezielle Zielgruppen ansprechen. Beispielsweise wird die Käuferreichweite für Produkte, die in erster Linie von kleinen Kindern genutzt werden, immer relativ niedrig ausfallen, weil große Teile des Panels diese Produkte nicht bei ihren Kaufentscheidungen berücksichtigen. Andererseits sollte nie darauf verzichtet werden, neben der Käuferpenetration auch die Käuferreichweite zu berechnen, da die Käuferpenetration automatisch nach oben geht, wenn bei gleichbleibender Käuferanzahl die Gesamtheit der Warengruppenverwender zurückgeht.

Aufgabe 3.9:

Produkt A kann in den ersten 3 Perioden seine Käuferreichweite von 17 auf 29 Prozent steigern. Allerdings befindet sich die Wiederkäuferrate mit Werten zwischen 33 und 39 Prozent gemessen an Produkt B auf einem relativ niedrigem Stand. Offensichtlich kann Produkt A die Erwartungen der Käufer nicht ganz erfüllen. Die Produktschwächen werden auch bei der Bedarfsdeckungsrate deutlich. Decken die Käufer von Produkt B nahezu die Hälfte ihres Warengruppenbedarfs über Produkt B ab, liegt dieser Anteil bei den Käufern von Produkt A nur bei rund 30 %.

Produkt B hat offensichtlich noch Probleme, einen größeren Käuferkreis anzusprechen. Dies kann einerseits auf die Positionierung des Produkt oder andererseits auf die Leistung der bisherigen Kommunikationsmittel zurückgeführt werden. Die Käufer von Produkt B sind aber sehr zufrieden mit dem Produkt, was in den hohen Werten für die Wiederkäuferrate und der Bedarfsdeckungsrate zum Ausdruck kommt.

Aufgabe 3.10:

Das Anzeigenpanel zeigt auf, inwieweit der Handel bestimmte Produkte durch Aktionen unterstützt. Neben der Anzahl der Aktionen wird auch der Aktionspreis sowie die Anzeigengestaltung erfaßt. Der Hauptunterschied zum Handelspanel besteht darin, daß bei diesem Panel der Ausweis der einzelnen Vertriebsschienen der Handelsorganisationen möglich ist. Dies ist aufgrund entsprechender Verträge mit dem Handel im Handelspanel nicht möglich.

Probleme bei der Bewertung von Aktionen ergeben sich, da beim Anzeigenpanel keine Informationen über die erzielten Abverkäufe erhoben werden. Hierzu muß entweder auf das Scannerpanel oder auf das Verbraucherpanel zurückgegriffen werden.

Aufgabe 4.1:

Mit Hilfe der Distributionswanderungsanalyse kann man aufzeigen, wieviel Prozent der Geschäfte, die ein bestimmtes Produkt gelistet hatten, zu einem späteren Zeitpunkt dieses Produkt immer noch im Angebot haben. Insbesondere wenn es um den Distributionsaufbau geht, sollte diese Untersuchung durchgeführt werden, damit nicht durch eine zunehmende Neudistribution die Probleme überdeckt werden. Stellt man zu spät fest, daß die Distribution bei den bestehenden Outlets wieder abbröckelt, werden sowohl intern (Veränderung der Produktionsplanung, Verfehlung der Mengen- und Ertragsziele etc.) als auch extern (Zurückgewinnung der Händler) teure Maßnahmen notwendig.

Aufgabe 4.2:

Die Absatzmittleranalyse dient dazu, um möglichst schnell einen Überblick über die eigene Situation bei den verschiedenen Key-Accounts zu erhalten. Sie ist als Portfolio-Analyse aufgebaut, so daß die allgemeinen Vor- und Nachteile der Portfolio-Analyse auch bei dieser Fragestellung vorzufinden sind. Der Hauptvorteil liegt in der schnellen und übersichtlichen Darstellungsweise, wohingegen die fehlende Berücksichtigung von Synergieeffekten sowie die nur eingegrenzte und subjektive Bewertung der Achsenpositionen nachteilig sind. Insgesamt überwiegen aber die Vorteile insbesondere auch deshalb, da durch einen Austausch der Achsen eine jeweils auf das Problem bezogene Sicht auf die Marktsituation möglich ist.

Aufgabe 4.3:

Die Nebeneinanderverwendung zeigt auf, welche Produkte eine sehr starke Substitutionsbeziehung zum eigenen Produkt haben. Darüber hinaus wird durch diese Analyse deutlich, wer wirklich der strategische Konkurrent des eigenen Produktes ist und ob diese Bewertung durch den Kunden mit der eigenen Strategie übereinstimmt. Führt man diese Analyse in regelmäßigen Abständen durch, kann man die Veränderung der Markeneinschätzung durch die Verbraucher transparent machen.

Erweitert man die Analyse auf andere Warengruppen, können auch Komplementärbeziehungen aufgedeckt werden. Hieraus ergeben sich wertvolle Hinweise bezüglich eines gemeinsamen Werbeauftritts etc..

Aufgabe 4.4:
Bei der Berechnung der Markentreue ist zu beachten, daß nur Haushalte berücksichtigt werden, die eine bestimmte Mindestanzahl von Einkaufsakten in der betrachteten Periode aufweisen. Derjenige, der nur einmal ein Produkt aus einer Warengruppe kauft, ist zwar der Marke sehr treu, 100 % der Einkäufe in der Warengruppe entfallen auf dieses Produkt, spiegelt aber sicherlich nicht den Käufer wider, den man als den „Markentreuen" bezeichnen würde.

Für das Marketing ist diese Art der Analyse besonders von Bedeutung, wenn Produktvariationen durchgeführt werden sollen. Hierbei ist zu beachten, daß sich die Hauptkäufergruppe auch nach den Veränderungen noch mit dem Produkt identifizieren können.

Aufgabe 4.5:
Das Prognosemodell von Parfitt-Collins beruht auf folgender Gleichung:

Marktanteil = Penetration * Bedarfsdeckung * Intensitätsfaktor

Die Penetration gibt hierbei an, inwieweit es einem Produkt gelingt, neue Käufer zu finden.

Auch wenn die Berechnung der Bedarfsdeckung im Rahmen dieses Modells etwas von der allgemeinen Form abweicht, bei Parfitt-Collins wird die Bedarfsdekkung erst für den Zeitraum nach dem Erstkauf ermittelt, drückt sie weiterhin aus, wie stark der Käufer an die Marke gebunden wird.

Die dritte Komponente in diesem Modell, der Intensitätsfaktor, wird benötigt, um aufzeigen zu können, ob durch das betrachtete Produkt eher Intensiv- oder Extensivverwender gewonnen werden konnten. Hierbei wird die Einkaufsmenge der Verwender des analysierten Produktes mit der Durchschnittseinkaufsmenge in der Warengruppe verglichen.

Aufgabe 4.6:
Die Tabelle zeigt, daß es Produkt A relativ besser als Produkt B gelungen ist, Käufer, die das Produkt im 1. Halbjahr gekauft haben, im zweiten Halbjahr erneut zu einem Kauf zu animieren. Immerhin hat 1/3 aller Käufer von Produkt B darauf verzichtet, diese Produkt zu einem späteren Zeitraum erneut zu kaufen. Andererseits ist es dem Produkt relativ gesehen etwas besser gelungen, neue Käufer im 2. Halbjahr zu gewinnen.

Zur genaueren Interpretation der Daten müßten aber sowohl die absoluten Käuferzahlen als auch die dazugehörigen Einkaufsmengen bekannt sein. Ansonsten kann es leicht zu Fehleinschätzungen kommen, wenn man die Attraktivität der Produkte bewerten will.

Aufgabe 4.7:
Die Analyse der Warenkörbe erlaubt zunächst das Aufzeigen von Komplementärbeziehungen zwischen Produkten bzw. zwischen Warengruppen. Dies liefert einerseits der Industrie die Möglichkeit, durch Kooperationen, z. B. in der Kommunikation, Synergieeffekte zu nutzen, wenn eine komplementäre Beziehung zwischen den Produkten besteht. Der Handel kann andererseits diese Informationen zur Gestaltung seiner Preise verwenden, bzw. seine Preisstrategie überprüfen. Häufig findet man sehr günstige Angebote im Handel, die als Lockvogelangebote plaziert werden. Die Hoffnung besteht nun darin, daß die Kunden wegen dieser Angebote in das Geschäft kommen, dann aber nicht nur das Sonderangebot, son-

dern alle benötigten Produkte dort kaufen. Insgesamt soll der Ertrag des gesamten Warenkorbes die Einbußen durch die niedrigen Aktionspreise überkompensieren.

Aufgabe 4.8:
Die Preis-Absatz-Funktion für Produkt A zeigt an, daß bei einem Preis von Null maximal 345 Einheiten von A verkauft werden können (Sättigungsmenge). Wird der Preis erhöht, verringert sich die Absatzmenge pro Preiseinheit um 1,3 Mengeneinheiten.

Bei Produkt B liegt die Sättigungsmenge bei 280 Einheiten und jede Preiserhöhung um eine Einheit führt zu einem Mengenverlust von 0,8 Einheiten.

Die Bestimmung der Preis-Absatz-Funktion ist in der Praxis von zentraler Bedeutung für die Festlegung der Preise. Ohne die Kenntnis über den Zusammenhang zwischen Preis und Abverkaufsmenge ist eine effektive Preisgestaltung unmöglich. Allerdings ist es in der Praxis nicht notwendig, die Preis-Absatz-Funktion für alle möglichen Preise bis hin zur Sättigungsmenge zu bestimmen. Da sich Preisveränderungen in der Regel relativ nahe am bestehenden Preis bewegen, muß auch nur in diesem Bereich die Funktion geschätzt werden. Dies ist in vielen Fällen mit Hilfe von Scannerdaten ohne großen Aufwand durchführbar.

Aufgabe 4.9:
Die Zielsetzung ist für beide Produkte die Erhöhung der Umsätze. Die Maßnahmen, die hierzu notwendig sind, sind allerdings genau entgegengesetzt. Der Umsatz von Produkt A kann durch eine Preissenkung, der von Produkt B durch eine Preiserhöhung gesteigert werden. An diesem Beispiel kann man leicht nachvollziehen, welche Bedeutung der Preiselastizität der Nachfrage im Rahmen der Preisfestsetzung zukommt. Generell läßt sich festhalten:

Im elastischen Bereich einer Preis-Absatz-Funktion (Elastizität < -1) führt eine Preissenkung immer zu einer Umsatzsteigerung, wohingegen im unelastischen Bereich (-1 < Elastizität < 0) hierzu eine Preiserhöhung notwendig ist. Dieser Zusammenhang läßt sich anhand der Berechnungsformel für die Preiselastizität der Nachfrage leicht erkennen:

Preiselastizität der Nachfrage:

$$\frac{\text{relative Mengenveränderung}}{\text{relative Preisveränderung}}$$

Aufgabe 4.10:
Neben der Aktionshäufigkeit sollte immer auch das Aktionsprofil aufgezeigt werden. Aus zahlreichen Untersuchungen ist bekannt, daß der Wirkungsgrad der einzelnen Aktionsformen, Display, Preisaktion, kommunikative Maßnahmen etc., stark unterschiedlich ist. Aus diesem Grund kann allein anhand der Aktionshäufigkeit noch keine sinnvolle Bewertung der Aktionstätigkeit vorgenommen werden.

Literaturverzeichnis

Bausch, Th.:
   Stichprobenverfahren in der Marktforschung, München 1990

Berekoven, L., Eckert, W., Ellenrieder, P.:
   Marktforschung, Methodische Grundlagen und praktische Anwendungen, 7.
   Aufl ., Wiesbaden 1996

Broder, M.:
   Haushaltspanel, in Poth, L. (Hrsg.): Marketing, Neuwied 1980

Cochran, W.: Sampling Techniques, New York 1977

Erichson, B.:
   Elektronische Panelforschung, in Hermanns-Flegel (Hrsg.): Handbuch des
   Electronic Marketing, München 1992

Günther, M.; Vossebein, U.:
   Paneldaten - Wesentlicher Bestandteil moderner Marktforschung, in: Planung und Analyse, 3/96, S. 50-53

Günther M, Vossebein U, Wildner R.
   Marktforschung mit Panels, Wiesbaden 1998

Hammann, P.; Erichson, B.:
   Marktforschung, 3. Aufl., Stuttgart Jena 1994

Hampe, St.:
   Marketing-Kennzahlensystem auf der Basis von Handelspaneldaten, Göt-
   tingen 1992

Hansen, J.:

Das Panel - Zur Analyse von Verhaltens- und Einstellungswandel, Opladen 1982

Heidel, B.:

Scannerdaten im Einzelhandelsmarketing, Wiesbaden 1990

Schlittgen, R.:

Zur Bestimmung von Grundgesamtheiten in der Marktforschung, Diskussionsbeitrag aus dem Fachbereich Wirtschaftswissenschaften der Universität - Gesamthochschule - Essen, Essen 1987

Sedlmeyer, K.-J.:

Panelinformation und Marketing Entscheidung, München 1983

Twardawa, W., Wildner, R.:

Innovationsforschung mit Paneldaten, in: Planung und Analyse, 3/98, S. 10-14

Vossebein, U.:

Einsatzmöglichkeiten von Scannerdaten, in: Jahrbuch der Absatz- und Verbrauchsforschung, 1/1993, S. 23-38

Weis, H., Steinmetz, P.:

Marktforschung, 3. Aufl., Ludwigshafen 1998

Wildner, R.:

Nutzung integrierter Paneldaten für Simulation und Prognose, in: Jahrbuch der Absatz- und Verbrauchsforschung, 1991, S. 114-129

Wildner, R.:

Modellgestützte Marktanteilsprognosen auf Basis von Paneldaten, in: Mertens, P. (Hrsg.): Prognoserechnung, 5. Aufl. Würzburg-Wien 1994, S. 195-203

Stichwortverzeichnis

Martin Günther/Ulrich Vossebein/Raimund Wildner

Marktforschung mit Panels

Arten – Erhebung – Analyse – Anwendung

1998, XIV, 368 Seiten, gebunden, DM 148,–
ISBN 3-409-12244-3

Die realistische Selbsteinschätzung im Vergleich zum konkurrierenden Umfeld ist für Unternehmen entscheidend. Viele Branchen nutzen zunehmend Paneldaten als Basis für detaillierte Markt- und Produktanalysen. Um langfristig im Wettbewerb zu bestehen ist es daher unverzichtbar, dieses zentrale Instrument der Marktforschung zu beherrschen und dessen Potential voll auszuschöpfen.

In „Marktforschung mit Panels" finden Sie alle relevanten Informationen für einen erfolgreichen und effizienten Einsatz. Von den methodischen Grundlagen über die verschiedenen Panelarten bis zur Durchführung eines Panels greifen die Autoren alle wesentlichen Aspekte auf. Sie stellen nützliche Auswertungstools vor, die bei der Analyse der gewonnenen Daten unterstützen. Eine ausführliche Fallstudie illustriert die praktische Umsetzung.

Das praxiserprobte Anwendungswissen der Autoren macht dieses Buch zu einem idealen Nachschlagewerk für alle, die sich auf den neuesten Stand der Marktforschung mit Panels bringen möchten.

Betriebswirtschaftlicher Verlag Dr. Th. Gabler GmbH, Abraham-Lincoln-Str. 46, 65189 Wiesbaden

Ulrich Vossebein

Intensivtraining Marketing
Repetitorium Wirtschaftswissenschaften

1997, XII, 171 Seiten, Broschur, DM 20,–
ISBN 3-409-12614-7

Das „Repetitorium Wirtschaftswissenschaften" führt theoretisch fundiert und anwendungsorientiert zugleich in alle wichtigen wirtschaftswissenschaftlichen Fachgebiete ein. Zahlreiche Beispiele, Übersichten und Aufgaben erleichtern die Aufnahme des Prüfungsstoffes und festigen das erworbene Wissen. Lösungstips und ausführliche Musterlösungen ermöglichen eine laufende Kontrolle des Lernfortschrittes und eine gezielte Klausurvorbereitung. Aufgrund des didaktisch überzeugenden Konzeptes eignet sich jeder einzelne Band ausgezeichnet zum Selbststudium.

Das Intensivtraining Marketing behandelt die Frage, welche Faktoren ein Unternehmen im Rahmen seiner Marketingentscheidungen berücksichtigen muß. Es wird gezeigt, wie das Verhalten der Konsumenten zumindest ansatzweise zu erklären ist. Aufbauend auf diesen Grundlagen werden die verschiedenen Elemente einer Marketingstrategie sowie die Marketinginstrumente ausführlich diskutiert. Abschließend erfolgt eine kurze Einführung in das Marketing-Controlling.

Betriebswirtschaftlicher Verlag Dr. Th. Gabler GmbH, Abraham-Lincoln-Str. 46, 65189 Wiesbaden

Ludwig Berekoven/Werner Eckert/Peter Ellenrieder

Marktforschung

Methodische Grundlagen und praktische Anwendung

7., vollständig überarbeitete und erweiterte Auflage 1996,
449 Seiten, Broschur, DM 89,–
ISBN 3-409-36988-0

Das Lehrbuch von Ludwig Berekoven, Werner Eckert und Peter Ellenrieder ist aufgrund seiner geschlossenen, übersichtlichen und leicht verständlichen Darstellungsweise das Standardwerk der Marktforschung. Grundlagen, Methoden und Instrumente sowie Anwendungen der Marktforschung werden didaktisch geschickt beschrieben:

- Informationen – Bedarf, Quellen, Messung,
- Marktforschungsinstrumente in der Praxis,
- Auswertung der erhobenen Daten,
- Marktforschung bei ausge-

wählten Problemstellungen,
- Marktforschung in ausgewählten Märkten und
- Einsatz der Marktforschung am praktischen Beispiel.

Insbesondere der angewandten Marktforschung wird bewußt breiter Raum eingeräumt. Anhand einer Fallstudie wird die praktische Umsetzung, beginnend mit der Produktidee, über die Produktentwicklung, bis hin zur Produkteinführung, illustriert.

In der 7. Auflage wurden sämtliche Kapitel gründlich überarbeitet und auf den neuesten Stand von Forschung und Praxis gebracht.

Betriebswirtschaftlicher Verlag Dr. Th. Gabler GmbH, Abraham-Lincoln-Str. 46, 65189 Wiesbaden

MIX
Papier aus verantwortungsvollen Quellen
Paper from responsible sources
FSC® C105338

If you have any concerns about our products,
you can contact us on
ProductSafety@springernature.com

In case Publisher is established outside the EU,
the EU authorized representative is:
Springer Nature Customer Service Center GmbH
Europaplatz 3, 69115 Heidelberg, Germany

Printed by Libri Plureos GmbH
in Hamburg, Germany